이 길이 아니면
다른 길로 가면 된다

이 길이 아니면
다른 길로 가면 된다

이숙영 지음

강인별

프롤로그

가던 길을 잃었을 때 고개를 돌리면
또 다른 길을 만난다

나는 두 번의 공황 장애를 경험한 바 있다. 십여 년 전 인도에서 살 때 처음으로 공황 장애가 생겼다. 낯선 환경에서 여러 가지 어려운 일을 겪으며 힘든 마음을 오래 참았던 것이 이유였다. 공황 장애가 무엇인지도 모르는 상태에서 목디스크 검사를 위해 MRI 기계에 들어갔다가 폐쇄 공포증을 경험한 뒤, 심한 불안으로 고생을 하였다. 엘리베이터, 지하 주차장, 낯선 공간에서 공황 발작이 일어나곤 했는데, 비행기 소리를 들으면 비행기를 못 타니 영원히 인도 땅에 묻힐 수도 있겠다는 상상으로 훌쩍이던 기억이 난다. 지금 생각하면 말도 안 되는 생각이지만 그때는 실제처럼 절박했고, 아픈 건 목이었지만 더 괴로운 건 마음이었다.

두 번째는 다른 나라에 체류 중 기관지 염증을 오래 앓으면서 인도 트라우마에서 비롯된 걱정과 불안이 공황 장애 재발로 이어졌다. 귀국하여 기관지염 치료를 받는 김에 공황 장애 치료를 받아 보기로 했다. 의사로부터 들은 첫마디는 '너무 참았다'였다. 두 경우 모두 의료 시설에 대한 아쉬움과 함께 맘 터놓고 말할 데가 없어 혼자 기를 쓰고 해결하려고 했던 것이 공통점이었다. 두 번에 걸친 공황 장애의 원인과 과정을 분석해 보면서 불안이나 우울과는 멀다고 생각했던 나의 성향과 살아온 환경 가운데 잠재된 예민함과 취약함을 발견하였다. 그리고 몇 가지 깨달음을 얻게 되었다. 걱정이 되면 '혼자 끙끙대지 말아야겠다, 안 좋은 생각에 깊이 빠지는 것을 조심해야겠다, 불확실한 상황을 견딜 줄 알아야겠다, 너무 심각하게 생각하지 말아야겠다, 대수롭지 않게 여기는 연습을 해야겠다' 같은 결심을 하는 것이다. 공황 장애라는 대가를 지불했지만, 그로 인해 얻은 것과 달라진 것이 많다. 무엇보다 나처럼 걱정과 불안이 많은 사람들, 부정적인 감정에 쉽게 몰입되는 사람들, 예민하고 소심한 사람들, 나 홀로 완벽한 해결을 위해 애쓰는 사람들, 소외된 환경에서 외롭고 힘든 사람들에게 말해 주고 싶은 게 생겼다. 이런 것을 보면 역시나 인생은 새옹지마라는 생각이 든다.

기분 나쁜 일이 일어나거나 걱정을 하면 화나고 불쾌하고 불안한 것은 자연스럽고 정상적인 반응이다. 문제는 부정적인 감정들에 압도되는 것이다. 압도되면 어쩔 줄 몰라 과잉으로 반응하거나 잘못된 방법으로 대처하여, 더 괴롭거나 상황이나 갈등을 심각하게 만들기도 된다. 심리학에서는 부정적인 감정은 위협과 위험이 닥치면 얼른 '싸우거나 피하는(fight or flight)' 준비 태세를 취하라는 시그널로서, 자신을 보호하는 역할을 하는 것으로 설명된다. 잘 피하거나 잘 맞선다면, 일상에서 부딪히는 부정적인 감정도 삶을 휘젓는 불청객이 아닌 자신과 삶을 지키고, 그것을 통해 삶의 지혜와 역량을 넓혀 가는 도구가 될 수 있다고 생각한다.

이 책에서는 일상에서 흔히 경험하는 부정적인 감정 30가지에 잘 맞서는 방법을 소개하고 있다. 불쑥 찾아오는 외로움, 공허감, 완벽주의, 자기 연민과 같은 습관들, 자존감에 흠집을 내는 비교, 후회와 같은 감정들에 대한 심리학적인 설명을 토대로, 실제 상황에 적용하기 쉬운 대처 방법을 제시한다. 그리고 일상에서 마주치는 유쾌하지 못한 일들을 대하는 자세, 예민함, 열등감과 같이 균형 있는 시각이 필요한 것, 마지막으로 부정적인 감정의 영향을 줄이는 데 도움이 되는 방법에 대해서도 나누어 보았다. 상담이라는 일을 하면서, 나 자신의 문제를 다루면서 쌓아 온 생각들과 더

불어, 주제별로 외국 심리 관련 사이트에 게재한 글들을 참조하였다. 전문가들의 설명과 의견을 검토하면서 제시한 대처 방법들 가운데 유익한 방법을 찾아 실제 생활에 적용해 보길 바란다.

개인마다 힘든 감정을 다루는 방식도 다양하고 자신만의 익숙한 대처 방법이 있다. 화가 나면 말을 안 하는 스타일, 폭발하고 후회하는 스타일, 외면하거나 반대로 하소연하는 스타일, 금방 푸는 스타일 등 자신의 성향이나 조건에 맞춰진 방법들이다. 익숙한 방식에 고정되어 있다 보면, 미처 해보지 못한 생각이나 다른 방법들이 있다는 사실을 잊게 된다. 인생도 마찬가지인 것 같다. 여러 갈래의 길에서 한길로만 가다 보면 다른 길이 있다는 사실을 모르거나, 알고도 지나치거나, 나중에 발견하기도 한다. 책을 읽으면서 자신에게 익숙한 방법을 발견하는 반가움과 더불어, 새롭게 다가오는 방법에 마음을 열면서 삶의 지혜를 다져 보는 시간이 되면 좋겠다.

인생이 만만치 않다는 생각을 하는 때와 계기는 불쑥 찾아온다. 불합격, 이별, 갑작스러운 건강이나 재정의 문제 등에서 오는 실망과 혼란, 방황을 피해가는 사람은 없다. 그런가 하면 우리의 일상에는 마음 상하는 일, 예기치 못한 실수나 오해, 짜증나는 일들이 수시로 일어난다. 그때마다 불쾌하고 색다른 고통과 괴로움 앞에서, 대부분의 우리는 헤매면서도 시행착오를 통해 해결책을 찾고 극복하려고 한다. 그 과정을 덜 어렵고 덜 힘들게 지나가는 데 도움이 되고, 이 길만이 아닌 다른 길도 발견하는 유익함이 있기를 바란다. 불행을 행복으로 짠 하고 바꿀 수는 없지만, 불행의 한 조각처럼 다가온 상황 앞에서 압도되지 않고 지혜롭게 이겨내는 시간들이 모이다 보면, 삶은 좀 더 단단해지고 성숙해지리라 생각된다.

차
례

| 프롤로그 |

가던 길을 잃었을 때 고개를 돌리면 또 다른 길을 만난다   **4**

1장

**불쑥 찾아오는
어려운 감정**

1 마음을 놓을 수 없을 때 찾아오는 외로움	**16**
2 삶의 균형이 공허함을 채운다	**24**
3 '이만하면 됐다'는 마음이 필요하다	**32**
4 어떤 상황에서든 잘 해낼 거라는 자신감	**39**
5 과도한 불안이 만든 걱정	**47**

2장

나를
괴롭게 하는
안 좋은 습관

1 쉼이 필요하다　　　　　　　　　　　　　　　　58
2 인간관계를 어렵게 만드는 경직된 마음　　　　65
3 부정적인 생각을 다스리는 방법　　　　　　　73
4 괴로움을 되새김질하지 말 것　　　　　　　　79
5 자기 연민에 너무 오래 빠지지 말 것　　　　　85

3장

유쾌하지 않은
일을
대하는 자세

1 누구나 인정받고 싶다　　　　　　　　　　　　94
2 거절하기-자기주장은 이기적인 것이 아니다　101
3 피할 수 없다면 받아들이기　　　　　　　　　108
4 나에게 필요한 건 유연성　　　　　　　　　　115
5 싫은 사람과 함께해야 한다면　　　　　　　　122
6 불쾌한 일을 대처하는 방법　　　　　　　　　128
7 괜찮아, 이 길은 내 길이 아닐 뿐　　　　　　135

4장

**자신감이
낮아지는 이유**

1 비교에서 오는 나쁜 영향력을 무시하자   **144**

2 실망을 이겨 내기 위한 역량 기르기   **152**

3 후회 모드에서 성장 모드로   **159**

4 걱정을 줄여 나가는 삶   **166**

5 무기력은 삶에 변화가 필요하다는 신호   **172**

5장

**균형 잡힌
마음을 위해**

1 가장 중요한 건 현재의 '나'   **182**

2 포기-잠시 숨을 고르는 시간   **189**

3 예민함은 좋은 걸까 나쁜 걸까?   **196**

4 부족한 모습이 있는 것은 자연스러운 것이다   **203**

6장

부정적인 감정을
줄이는 방법

1 마음 회복을 위해 스스로를 위로하기　**214**
2 나를 위해 산다는 건 나에게 맞게 사는 것　**221**
3 날아오르는 공격에 마음 지켜 내기　**229**
4 기분 좋은 일을 많이 만들자　**236**
5 한 발자국 거리 두고 생각하기　**242**
6 유쾌한 사람-만사 오케이　**250**

| 에필로그 |　**257**

참고문헌　**262**

1장

불쑥 찾아오는
어려운 감정

마음을 놓을 수 없을 때 찾아오는 외로움

해외에서 일하는 남편의 직장에 맞추느라 몇 번의 휴직과 퇴직을 거치면서 기러기 생활을 하였다. 타지에서 홀로 생활하는 남편도 외로웠고 남편 없이 애들 데리고 일하는 나도 외로웠다. 두 사람 다 외로워서 힘들다고 말하지 못한 이유는, 잘 살자고 내린 선택이었고, 외로움 정도야 견디고 이겨내야 한다고 생각했기 때문이다. 그런 세월을 거쳐 최근에 다시 기러기 부부가 되었다. 코로나로 인해 이전처럼 왕래가 자유롭지 못한 시대에 떨어져 지내니 문득 외로움이 느껴질 때가 많다. 혼자 생활을 못 해서도 아니고, 젊을 때처럼 그리워서도 아닌데, 혼자라는 생각은 불현듯 외로움을 느끼게 한다.

최근에 외롭다고 느껴본 적이 있는지? 친구나 가족과 떨어져 지내는 데서 오는 허전함, 오랜 재택근무에서 오는 사람들에 대한 그리움, 딱히 일상의 변화가 없고 외로울 조건도 아닌데 외롭다는 생각이 문득 들어본 적은? 나의 경우 코로나 상황으로 집 안에 혼자 있으면 힘이 빠지고 울적해지는 날이 있다. 이유가 있어서 외로움을 느끼기도, 이유 없이 외롭게 느껴지기도 한다. 외로움은 이유도 다양하고 개인적인 감정이지만, 간혹 누구나 느끼며 살아가는 감정이다.

간간이 외롭다는 느낌이 들기에 더 열심히 살게 된다. 삶의 충만함으로 외로움이 들어올 빈틈없이 의미 있게 지내려고 한다. 혼자 있음이 쉼이 되고 불편하지 않지만, 간혹 외롭다는 느낌이 밀려올 때도 있다. 혼자 있음의 이중성이다. 홀로 있는 것이 문제가 아니라, 소외된 느낌, 자신을 필요로 하는 곳이나 기댈 곳, 어울릴 사람이 없다는 느낌, 다른 사람과의 소통이 막힌 느낌 등 지속적인 외로움을 느끼는 것은 문제가 될 수 있다. 이렇듯 복잡미묘한 외로움을 명쾌하게 설명하기는 어렵지만, 주위에 사람이 없어서 오는 외로움과 사람이 있는데도 느끼는 외로움으로 나누어 살펴보겠다.

일반적으로 외로움을 느끼는 건 주변에 함께 할 사람이

없기 때문이다. 개인적 성향에 따라 차이는 있지만, 우리는 누군가와 정서적으로 통하고 함께 하고자 하는 사회적 욕구를 가지고 있다. 그래서 갈등과 고통을 겪으면서도 가족과 친구가 필요하고, 맘에 맞는 동료와 선후배가 중요하며, 누군가에게 호감을 갖고, 소속감에서 비롯되는 안전감과 즐거움을 쫓게 된다. 관계로 인해 상처받고 고통스러우면서도 놓지 못하는 건 창조주가 우리를 그렇게 만들었기 때문이지, 사람 좋아하는 내 탓이 아니다. 심리 상담의 시작은 호구 조사에서 출발한다. 고민남과 고민녀의 이런저런 배경을 알아봐 문제의 원인을 찾아보려고 한다. 호구 조사에서 빼놓을 수 없는 항목은 사회적 지지 체제이다. 이 친구가 같이 밥 먹고 하소연하고 급하면 도움을 청할 수 있는 사람들을 파악해 보는 것은, 문제의 원인뿐 아니라 해결에 결정적인 정보가 된다. 그만큼 자신을 둘러싼 사회적 지지망은 우리의 정신 건강과 행복(불행)의 요소가 된다. 그 지지망 안에 누구를 넣고 몇 명을 넣는지는 순전히 개인의 성향이며 선택이다.

한편 주변에 사람들이 많지만, 잘 섞이지 못하고 겉도는 느낌, 소통이 안되는 답답함에서 오는 외로움도 있다. 임상 심리학자이자 작가인 닉 위그날은 외로움의 공통적인 원인을 사회적 불안, 낮은 자존감, 과거의 상처, 자기 이해와 주장의 부족 등으로 설명한다. 자신과 진심으로 통하고 공유할 수 있는 사고, 가치관, 흥미 등이 부족할 때, 다른 사람들이 자신을 어떻게 생각하고 판단할지 걱정될 때, 상대방으로부터 좋지 않은 인상이나 평가를 받는가에 대해 불안할 때, 솔직히 자신의 원함이나 생각을 말하지 못할 때, 상대방으로부터 거절되지 않을까 하는 두려움이 있을 때 편안하고 깊이 있는 관계를 맺기가 어렵다는 것이다.

분노나 슬픔과 같은 감정에 비해 외로움은 오기도 가기도 하는 무겁지 않은 감정인 경우가 많다. 반면에 만성적인 외로움은 우울과 불안의 위험 요인이 될 수 있고, 외로움을 견디지 못해 건강하지 못한 방법들로 몸과 마음을 더 피폐하게 만들기도 한다. 외로움을 알아차리는 것이 해결의 시작이다. 외로움이 들 때 해 보면 좋은 생각을 나눠 보겠다.

▷모든 외로움은 정당하다.

외로움은 자연스러운 감정이다. 이런저런 이유로 외로운 상태에 처할 수도 있고, 남들은 이해할 수 없는 자신만의 이유로 외로움을 느낄 수도 있다. 어떤 외로움은 당연하고 어떤 외로움은 과장이라고 생각하는 것은 맞지 않다. 모든 외로움은 정당하다. 특히 스스로 어떤 외로움도 느껴서는 안 된다고 자신을 다그치는 것은 옳지 않다. 그렇게 생각하는 데서 오는 자책감을 조심해야 한다.

▷외롭다고 말해 본다.

외롭다고 말하면 소심하고 약한 사람이라고, 너만 외로운 것이 아니라고, 더 외로운 사람도 많다고, 배부른 고민이라고 말할 것 같은 사람과 분위기를 피한다. 외롭다고 말할 때 진심으로 들어줄 사람한테 살짝 말하거나 스스로에게 외롭다고 말해도 된다. '외로워'라고 말하는 순간, 덜 외롭기 시작하는 것은 말함으로써 외로움이 덜어지기 때문이다.

▷외로움에는 알아주는 것이 명약이다.

갑작스럽게 혼자가 되거나 친구와의 이별, 낯선 환경에 처하는 것과 같은 굵직한 변화에 적응하는 동안은 충분히 외로움을 느낄 수 있다. 집중해서 하던 일을 마치면 탈진과 함께 일시적으로 외로움을 느끼기도 한다. 외로움을 느끼는 데는 나만이 아는 이유가 있을 것이다. 허전함, 슬픔, 혼란, 막연함 등의 감정을 '내가 이래서 느끼는구나' 이해하게 되면, 머리 속이 명쾌해진다. 사람 관계에서 느끼는 외로움도 잘 생각해 보면 자신의 성향 탓인지, 잘 맞지 않는 사람(들)이어서 그런지, 윤곽이 잡힌다. 이해하고 나면 해결책도 생각이 난다.

▷외로움은 달래 주는 것!

옛날부터 외로움은 달래 준다는 말이 있다. 그래서 '외롭구나, 힘들었구나' 하고 자신의 힘듦을 알아준다. 그렇게 말해 줄 친구나 지인이 있다면 정말 효과적인 약이 된다. 맘에 드는 물건을 사고, 가고 싶었던 곳을 방문하고, 지인에게 연락도 해 보면서, 스스로에게 크고 작은 위로를 선물한다.

▷외로움은 빠지기 쉬운 감정이다.

외로움은 내버려 두면 더 깊이 빠지기 쉬운 감정이기에, 외로운 상태가 되면 빨리 빨간 불을 켜고 삶의 변화를 가져와야 한다. 혼자 있으면 생각이 많아지고 복잡한 감정에 빠져 외로움을 키울 수 있다. 굳이 의미를 찾지 않더라도 사소한 일거리과 만남, 바쁨은 외로움에 깊이 빠지는 것을 막는 데 도움이 된다.

▷인간 관계망 되돌아보기

개인의 성향에 따라 인간관계를 맺는 데도 차이가 있다. 많은 사람을 좋아하는 사람, 상대적으로 외로움을 덜 타는 사람도 있지만, 한두 명의 편한 친구나 지인과의 만남이 더 알찬 사람도 있다. 자신이 어떤 유형인가 생각해 본다. 외로움을 쉽게 느끼는 유형이라면 한두 명의 '찐' 친구와 친밀하고 깊은 관계에서 안전감을 느끼기 쉽다. 가장 친하게 지낼 수 있는 관계, 가끔 만나면 좋은 관계, 형식적으로 만나면 좋은 관계 등 자신의 인간 관계망을 정리해 보는 것도 도움이 된다.

▷ 외로움도 삶의 부분이다.

외롭지 않게 지내려고 이런저런 노력을 하지만 문득 찾아오는 외로움을 막을 수는 없다. 외로움에 처음 접할수록 당황스럽고 혼란스러울 수 있으나, 외로움도 자연스러운 삶의 부분으로 받아들이는 연습이 필요하다. 외로움은 사치스럽고 불필요한 감정이 아니며, 숨겨야 하거나 창피한 감정도 아닌 자연스러운 감정일 뿐이다. 외로움에 익숙해지고, 외로움을 지혜롭게 다루는 것은 긴 인생에서 필요한 공부이고 과정임을 기억한다.

유학 시절 좋았던 것 중 하나는 자기 편한 때에 아무 데서나 도시락을 꺼내 먹는 것이었다. 복도에서, 벤치에서, 어디서나 대부분 혼밥을 하는 캠퍼스에서는 외롭지 않았다.

혼자 있는 시간과 조건을 자신에게 맞춰 사용하면 생각보다 많은 것을 얻을 수 있다. 한편 외로움을 많이 타고 혼자 있는 것이 힘든 경우도 있다. 자신이 외로움에 약하다는 것과 어떤 경우에 외로움을 많이 느끼게 되는가에 대한 이해와 더불어, 외로움에 대처하는 자기만의 방법을 찾는 노력이 필요한 것 같다. 외로움의 신호가 왔을 때 잘 달래 주는 것, 삶의 환경이나 조건을 외로움으로 힘들지 않게 만드는 것은, 자신을 돌보는 중요한 삶의 기술이다.

삶의 균형이 공허함을 채운다

큰 딸은 체력과 정신력을 집중적으로 사용하며 일 년에 얼마간의 휴가를 제외하고는 일에 올인하는 직업을 갖고 있다. 제일 힘들어 보이는 것은 낮밤 구분없이 일하는 것, 주말이 없을 때가 많다는 것이다. 이 친구의 유일한 쉼은 침대에 누워 좋아하는 밴드의 노래를 듣고 고양이와 노는 시간이다. 나머지는 모자란 잠을 잔다. 항상 스탠바이 상태이니 아무 생각없이 누굴 만나거나 딴 짓 하기가 어렵고, 연애는 동기 유발과 체력이 안 따르고, 여행 가서도 반은 일을 하는 것 같다. 모범생과로서 책임감과 성실함을 가지고 열심히 일한다. 피곤과 긴장의 교차 속에 살아가면서, 이 친구가 종종 느끼는 것은 공허감이다. 열심히 사는데 잘 살고 있는 건지, 무엇 때문에 사는 건지, 이렇게 계속 사는 게 맞는 건지 허무감이 밀려오는 것 같다. 이럴 때 나의 답은 하나이다. 너무 일만 해서 그러니 딴짓을 좀 해라.

공허감은 텅 빈 느낌, 채워지지 않는 느낌으로 가끔씩 찾아오는 감정이다. 정신 건강 사이트 사이크센트럴에 게재된 글에서는 공허감을 불러일으키는 다양한 원인을 설명한다. 삶의 어떤 부분이 빠지거나 부족함을 느낄 때, 공부나 일만 하느라 다른 욕구를 억누를 때, 일상이 너무 단조로워 삶의 의미가 없는 것 같을 때, 가까운 관계에서 정서적인 만족감을 느끼지 못할 때 공허감을 느끼는가 하면, 애쓴 것이 헛수고가 되거나 힘들게 이룬 일 뒤에 따르는 허탈감도 자연스러운 일이다. 이런 허무감은 잠시 왔다가 사라지기도 하며, 원인을 찾으면 해결되기도 한다. 반면 만성적인 공허감에 시달린다면 우울증과 같은 정신적 문제와 연관되어 있을 수 있다. 여기서는 다양한 이유에서 자연스럽게 오고 가는 '부족한, 채워지지 않는' 느낌을 공허감으로 묶어 생각해 보도록 하겠다.

개인적으로 삶은 어느 정도 바쁘고 책임져야 할 몫이 있을 때 건강과 행복에 가까워진다고 생각한다. 이때 '어느 정도'가 중요하다. 나의 딸처럼 지나치게 바쁘면 주기만 하지 자신의 내면을 채우는 일이 부족하다. 우리는 주기도 하지만 채워져야 균형을 이루는 존재이다. 먹고 노는 즐거움, 쉼과 취미 생활에서 오는 충만감, 사람들과 어울리는 소속감, 일과 공부를 통한 성취감, 자기 계발, 영적인 세계를 추구하는 기쁨 등 다양한 욕구가 있고, 그것을 적절히 채워 주고 균형을 지키는 것은 자신의 몫이다. 종종 성과를 내고, 가족이나 주변을 돌보는 것에 치우쳐 자신의 웰빙을 등한시하는 경우가 많다.

반면, 삶에 너무 해야할 일과 책임질 것이 없다면 권태와 존재 의미에 회의가 찾아온다. 동남아에서 사는 동안 운전사, 청소부, 요리사를 두고 산 시절이 있었는데, 직장, 돌봐야 할 사람, 경조사도 없는 그야말로 인생이 휴가 그 자체였다. 오랫동안 정신없이 살았기에 바라던 태평성대가 왔건만, 즐거움을 오래 누리지는 못했다(물론 개인차가 있다). 헉헉대고 툴툴대면서 했던 책임들이 하루 아침에 사라졌을 때, 무가치감, 무의미함이 찾아왔다. 어느 정도 바쁨과 책임은 삶에 생기와 의미를 가져오고, 보람과 만족에서 오는 충만감을 느끼게 한다.

가까운 관계에서 가끔 부족함을 느끼는 것도, 채워지지

않는 느낌을 받는 것도 자연스러운 일이다. 무난한 관계에서도 좋을 때와 싫을 때가 있고, 배려와 인정도 베풀 때가 있고 받고 싶을 때가 있다. 대부분 우리는 그것을 알고 좋은 쪽을 생각하며 서로를 품는 성숙한 관계를 꿈꾸며 향해 살아간다. 문제는 자신의 모든 욕구와 바람을 상대방이 채워 주길 기대할 때, 거꾸로 상대방의 요구나 기대에 일방적으로 맞출 때, 관계를 단단하게 하는 즐거움과 유대감이 부족할 때, 대화를 통해 서로에 대한 인정과 이해, 타협이 이루어지지 않을 때, 서로의 행복에 대해 무관심할 때 발생한다. 완벽한 관계를 기대하지는 않아도 대부분 우리는 어느 정도의 배려와 동등한 관계에 대한 욕구를 가지고 있다. 그러한 기대가 채워지지 않을 때 겉으론 부족함이 없어 보이지만 내면은 결핍을 느낀다.

공허감도 다른 감정과 같은 대접을 받기 바란다. 숨기거나 쫓아내거나 누르는 대신 자신이 느끼는 현재 마음으로 받아들여 주는 것이다. 받아들이면 공허감도 나의 일부로 품어낼 여유가 생긴다. 공허감이 찾아올 때 생각해 볼 수 있는 몇 가지 방법을 나누어 본다.

▷공허감은 삶의 구멍새로 찾아온다.

정신 건강 사이트 사이크센트럴에 게재된 글에서는 공허
감을 알아주고, 공허감의 원인에 어떤 것들이 있는지 생각
해 보는 방법을 제시한다. 너무 일만 하지 않았는가, 성취
욕에 불타지 않았는가, 실망감을 오래 붙들고 있지 않은가,
희망이 없다고 생각하는가, 기대한 만큼 돌아온 것이 없다
고 생각하는가, 즐겁게 놀고 쉰 적이 언제인가 생각해 보면
몸과 마음이 지치는 일들이 있었을 것이다. 생각을 다듬고
지나친 부분이 있지 않나 돌아본다. 돌아본 후에는 그래서
그랬구나 자신을 알아준다. 생각하는 것, 알아주는 것 자체
로 도움이 된다.

▷삶에 방해꾼을 만든다.

위의 경우가 너무 지친 경우라면 이번엔 너무 한가한 경
우이다. 혼자만 지내다 보면 자신 중심, 일 중심으로 돌아갈
수밖에 없다. 참견할 일, 참견받는 일도 없고, 챙겨야 할 의
무도 없으며, 시간과 에너지를 쏟아야 될 것이 없다. 삶에는
방해꾼이 좀 있어야 생동감이 생긴다. 심부름시키는 부모
님, 귀찮게 하는 조카, 놀자고 하는 반려동물 등은 지나치
게 나 중심으로 돌아가는 삶의 쳇바퀴에 걸림돌이 아닌 윤
활유가 되어 준다. 자신 외에 누군가를 향해 쏟는 마음과 에

너지는 지나치지 않다면 얻는 것이 더 많고 나의 존재, 삶의 의미를 확장해 준다.

▷바닥난 부분을 충전한다.

쉼이 없었다면 쉼을, 잘 먹지 못했다면 맛있는 음식을, 잠이 부족했다면 잠을, 누군가와의 소통이 없었다면 즐거운 만남을 선물하고, 지친 관계에는 거리를 둔다. 고갈되거나 돌보지 못했던 부분을 채워 주는 것은 에너지를 재충전하고, 치우쳤던 삶에 균형을 가져다준다.

▷짬짬이 좋아하는 것을 한다.

여러 가지 책임으로 좋아하는 것을 못하고 사는 게 보통이다. 하지만 너무 누르고 미루다 보면 번아웃이나 허무감이 찾아올 때가 있다. 다 끝낼 때까지, 휴가를 낼 때까지, 합격할 때까지만 참자는 생각 대신, 중간중간 하고 싶은 것을 해 보는 것은 오히려 새로운 동기를 만들고 필요한 힘을 얻는 데 필요하다. 목표와 상관없이 하고 싶은 것을 조금씩 하는 것을 시간 낭비라고 생각하며 죄책감을 느낄 필요는 없다.

▷즐거운 일을 만든다.

재미난 경험을 하고, 유쾌하고 즐거운 시간을 갖는 데서 생성되는 긍정 에너지는 공허감을 상쇄하는 데 도움이 된다. 즐거운 일은 생기길 기다리는 것보다, 스스로가 만들어 내야 하는 경우가 많다. 굳이 누군가의 생일, 특별한 기념일을 기다리지 말고 이런저런 이유와 의미를 붙여 즐거운 경험을 채워가는 것은 일상에 충만감을 가져온다. 이처럼 우리 삶에는 작고 큰 축제가 필요하다.

▷ 문자와 통화가 가능한 친구는 영양제다.

종종 공허감은 외로움과 함께 찾아온다. 언제든 이야기하고 만날 수 있는 친구(들)의 존재는 삶의 활력소가 되고, 도움을 청할 수 있는 친구는 지지대가 된다. 활력소와 지지대가 있으면 흔들림도 적고 무료함도 적어진다. 재미난 얘기와 좋은 노래를 공유하고 하소연할 수 있는 친구가 있다면 외로움에서 오는 허무감은 줄어들 수 있다.

▷ '어느 정도'의 자기 주장은 서로에게 좋다.

불만과 실망이 쌓여 가면 오히려 관계에 구멍을 낸다. 가끔씩 자신의 기대와 바람을 구체적으로 알려 주고, 만족스럽지 못하거나 불편한 부분을 솔직하게 나누는 것이 건강하고 효과적인 방법이다. 참고 누르는 것이 반복되면 무력감과 지침, 불만이 모아져 관계에 큰 구멍을 내기 때문이다. 자기주장은 나만을 위한 것이 아니라, 상대방과 관계를 위해서도 필요하다.

　문득 이렇게 사는 것이 맞나, 삶의 의미는 무엇이고 계속
이렇게 살아도 되나 싶을 때가 있다. 운 좋게 삶의 의미와
목적이 분명하다면 그것을 따라 열심히 사는 것이 답이겠
고, 그것이 불분명하고 오락가락한다면 주어진 하루, 주어
진 나의 몫을 열심히 즐겁게 살면 될 것 같다. 후자에 속한
나의 경험상, 의미는 추구하는 때보다 순간순간 발견될 때
가 더 많다. 일상의 소소한 즐거움을 발견하고, 이왕이면 누
군가와 그 즐거움을 나눈다면, 삶 가운데 공허한 순간보다
유쾌하고 충만한 시간이 더 많아질 것이다.

'이만하면 됐다'는 마음이 필요하다

이전에 비해 요즘 세상에는 특출하고 뛰어난 사람들이 많다. 앱을 만들고, 웹툰을 그리고, 예능을 잘하는 등 성공하는 방법이 다양해지고, 그만큼 재능이나 시대 운이 따르는 사람도 많아진 탓이다. 혼자 소신껏 살려고 해도, 수많은 정보와 소식으로 세상이 가만히 내버려 두지 않는다. 자신이 부족하게 여겨지고, 뒤처지고 무엇인가 더 해야 제대로 사는 것 같은 생각을 들게 한다. 지금처럼 만족과 편안함이 없는 상태는, 부족감, 부담감, 공허함 같은 형태로 찾아온다.

주로 삶이 만족스럽지 못한 이유는 주로 비슷하다. 주어진 조건일 수도, 잘못된 선택과 결정일 수도, 어쩔 수 없는 상황일 수도 있다. 나의 경우 불만스러운 것을 생각해 보니, 친구들에 비해 건강이 좋지 않은 것이 가장 크고, 소소하게는 머리 숱이 없는 것, 오래 걷지 못하는 것이 속상하다. 나의 딸들은 코로나로 인한 장기간의 재택근무, 주말에 일하는 것, 집과 직장이 너무 먼 것, 소화 불량이 자주 생기는 것, 코로나로 인해 자주 여행을 못 가는 것 등을 꼽는다. 우리는 대부분 만족스럽지 못한 부분에 대해 투덜대면서도 받아들이거나 개선하거나 자신과 타협하며 가능하면 만족 상태로 지내려고 노력한다.

한편 뚜렷한 이유 없이 항상 만족스럽지 못한 상태로 지내는 사람들도 있다. 심리학자이자 작가인 데브라 켐벨은 '만성적인 불만족'의 개념으로, 무엇인가를 더 해야 할 것 같고, 더 가져야 할 것 같고, 더 행복해야 될 것 같아서 현재 상태에서 만족하지 못하는 현상을 설명한다. 더 많은, 더 좋은, 더 멋진, 더 완전한 것에 대한 욕구는, 충분하다 내지는 갖추었다는 만족감을 느끼지 못하게 한다. 자꾸만 새로운 목표를 세우고 기준을 높이고 대상을 바꾸면서 더 나은 삶을 원하며, 막상 원하는 상태에서도 또 다른 원함으로 마음이 향하게 된다는 것이다. 특히 비교는 만족스러웠던 부분도 의심을 갖게 하고, 더 해야 될 것 같은 불안을 느끼게 한다.

문제는 원함이 충족되지 못하는 데서 오는 결핍감이다.

부족함을 느끼는 데서 오는 결핍감은 불필요한 부러움과 무능력감, 삶에 대한 피곤함을 느끼게 한다. 현재에서 즐거움과 의미를 느끼기보다 불확실한 미래에 마음을 두게 하며, 이미 이룬 것보다 이루지 못한 것, 가지고 있는 것보다 가지지 못한 것에 마음을 빼앗기게 한다. 더 이루고 싶은 마음은 단순히 물질이나 성공에만 적용되지 않는다. 지식, 감성, 재능, 외모, 사랑, 관계, 인정과 칭찬, 자녀 등 끝이 없다.

우리는 만족하며 살아야 한다는 것을 알면서도 왜 불만족하게 될까? 우선, 어느 정도 만족해야 되는지 잘 모르기 때문이다. 오로지 열심히 해야 한다는 모범답안에 맞추다 보면 어디서 멈추고 어디서 끝내도 되는지 혼란스럽다. 어느 정도까지 성취해야 맞는건지 확신이 없기 때문에 주변의 영향을 쉽사리 받게 된다. 나를 비추어 보면, 겉으로 드러내지는 않았지만 많은 것을 완벽하게 갖고 싶었다. 이유는 그래야만 되는 줄 알았기 때문이다. 한편 마음 지킴과 습관 변화에 관한 코치이자 작가인 레오 바보타는 지금보다 더 나아야 된다고 믿기 때문이라고 한다. 사람들은 지금보다 더 나아지기 위해서는 부족함을 찾아내어 그것을 채우는 것이 맞다고 생각한다. 종종 건강, 물질, 관계, 직업, 자기 계발 등 모든 면에서 더 노력해야 더 나은 삶이라는 공식을 은연중에 갖고 있는 것이다. 불만족에서 오는 불안과 피곤함이 느껴진다면 몇 가지를 함께 생각해 보자.

▷불만족=배고픔=동기

불만족이 있기에 잘못된 습관을 고치고 부족한 면을 개선하고자 하는 동기와 의지가 생긴다. 체력 부족에 대한 불만족은 꾸준한 운동으로, 수학 실력에 대한 불만족은 수학 공부로, 재정에 대한 불만족은 사업에 대한 열정으로 이어진다. 불만족이 있다고 해서 불행하고 우울한 것만은 아니다. 불만은 배고픔에서 출발하고 동기와 원동력이 되기 때문이다.

▷나만 불만분자가 아니다.

많은 경우, 겉으로 드러내지 않아서 그렇지 우리는 누구나 불만스러운 부분을 갖고 있다. 불만을 말하면 불만분자처럼 여겨질까 조심하고, 불만을 속으로만 감춘 채 참는 경우도 있다. 불만이 인내심과 노력 부족이나 삐딱한 성향과 연결되기 때문이다. 모든 것이 불만스러운 불만분자와 한두 가지 불만스러운 것을 갖고 사는 것에는 큰 차이가 있다. 모든 것이 불만스럽게 느껴지는 경우에도 실제로는 한두 가지의 중요한 영역에서 만족스럽지 못한 감정이 확대되는 경우도 많다. 나만큼의 불만은 많은 사람이 경험하고 있다는 사실을 기억한다.

▷노력하지 않아 불만족하는 것은 아니다.

무엇인가 충분치 않고 빠진 듯한 느낌과 더 이루고 싶은 마음은 열심히 사는 사람일수록 더 많이 느낀다. 안주하지 말고 전진해야 한다는 믿음과 책임감, 열망이 클수록 현재보다 더 나은 상태를 꿈꾸며 그만큼 노력을 기울이기 때문이다. 만성적인 불만족을 느낀다고 해서 자신을 욕심이 많거나 허황되다고 생각할 필요는 없다.

▷만족에는 여러 감정이 들어 있다.

뿌듯하고 신나고 맘에 드는 느낌만이 만족을 나타내지는 않는다. 만족에는 다른 감정도 들어 있다. 편안함, 고요함, 흔들리지 않음, 감사함 등의 복합적인 감정이다. 지금의 상태가 무난하고 편안하다는 느낌, 주변에 크게 동요되지 않는 느낌, 부담과 경쟁에서 비교적 자유로운 느낌이 든다면 만족으로 여겨도 좋다.

▷만족과 불만족도 선택이다.

명확하게 만족 대 불만족으로 단정지을 수 있는 것보다

중간에 해당되는 것이 많지 않을까 싶다. 직업, 관계, 외모 등에 백 프로 만족스러운 경우는 드물기 때문이다. 어느 정도에 만족할 것인가, 불만족할 것인가를 결정하는 것은 자신의 관점이고 선택이다. 다른 사람들이 뭐라해도 내가 괜찮으면 만족이고, 다른 사람들이 만족한다고 해도 내가 괜찮지 않으면 불만족이다. 불만족스러운 것이 많다면, 자신의 만족에 대한 기준이 너무 높지 않은가 생각해 본다. 만족에 가까이 있는 것은 감사의 눈으로 바라보고, 불만족에 가까운 것은 받아들이거나 개선과 변화의 자료로 활용할 수 있다.

▷ 멍 때리는 시간이 도움이 된다.

아무 생각없이 있는 시간은 오히려 생각이 모이고 정리되는 효과가 있다. 이런 휴식 후에 소중히 여기는 것, 꼭 있으면 좋겠다 하는 것, 보람과 의미를 느끼는 것에 대한 단상들을 적어 보는 습관은, 삶의 가치와 행복에 대한 자신만의 기준을 만들어 가는 좋은 방법이 된다.

만족과 불만족도 변화한다. 지금은 불만이지만 시간이 지나면 만족스러울 수 있고 지금 만족스러운 것이 오히려 불만이 될 수도 있다. 지금 마음에 들지 않은 것도 노력을 기울이다 보면 어느새 만족의 모습으로 다가온다. 중요한 것은 자족이다. 자족은 아직은 없는 것, 이루지 못한 것이 있지만 그것 또한 나의 일부로 받아들이면서 지금 상태에 만족하는 것을 의미한다. 현재 모습이 완벽하지 않더라도 자신의 수고를 알아주고, 주변의 손길에 고마움을 느끼며, 삶 자체에 감사함을 갖는 것은, 일상에서 만족을 발견하는 쉽고도 어려운 길이 아닐까 싶다.

어떤 상황에서든 잘 해낼 거라는 자신감

직장을 그만두면서 섭섭함보다 시원함이 컸던 적이 있다. 전공인 상담과는 다른 생소한 일을 하는 동안, 신경을 많이 쓰며 힘들었기 때문이다. 막상 하면 할 수도 있는 일을 미리 겁내어 적당한 이유를 둘러대며 피하거나 다른 사람에게 미루기도 하고, 실수나 잘못 처리하는 일을 막기 위해 강박적으로 일하기도 했다. 간혹, 잘못된 일이 발생하면 창피함에 자책도 많이 했다. 일만 힘들었던 것이 아니라 동료와의 대화도 어려웠는데, 그들의 전문 분야인 법률, 경영, 회계와 같은 일에 지식이 없었기 때문이다. 이렇듯 일에 자신감 없음을 감추는 데 에너지를 많이 써 긴장과 피곤함이 많았고 나의 삶도 고단했다.

압박감과 불확신감으로 늘 명쾌하지가 않은 상태는 자신감 부족과 연관이 있다. 무엇보다 자신감 부족은 원동력, 동기와 즐거움을 앗아간다. 나의 경우 일을 못한 것도 아닌데, 보람이나 즐거움보다 책임감에 시달렸고, 나와 다른 배경과 경험을 가진 동료들 앞에서 주눅이 들고 스스로의 능력과 자질을 의심하곤 했다. 자신감이 있는 사람은 자신에 대한 생각을 별로 하지 않지만, 자신감이 없는 사람은 수시로 자신의 능력과 조건을 의심하고 회의감에 사로잡힌다.

자신감은 자존감, 자아 존중감 등으로 표현되는데 전체적으로 자신에 대한 의견이나 평가를 의미한다. 우선 자신감이란 자신의 능력, 판단에 대한 신뢰, 일상에서 맞닥뜨리는 도전이나 요구를 잘 감당할 수 있다는 믿음을 뜻한다. 자신감이 행복과 밀접한 관련이 있는 이유는, 자신의 능력, 가치, 조건이나 환경에 대한 긍정적인 믿음이, 능력을 발휘하고 문제를 해결하며 사람을 만나는 데 '자신감 뿜뿜' 원동력이 되기 때문이다. 한편 자신감보다 좀 더 포괄적인 의미의 자존감은 자신의 가치에 대한 느낌으로 자신의 필요, 욕구, 바람, 성향 등을 존중해 주는 것이다. 자존감이 낮은 경우 자신이 원하는 바를 잘 표현하지 못하는 반면, 다른 사람의 욕구나 생각에 민감하게 반응하고 만족시키려는 경향을 갖는다.

또한 인정받지 못하면 쉽게 위축되고 소외감을 느끼게 만들어 낮은 자존감을 우울과 불안의 원인이다.

일반적으로 자신감이 부족한 이유는 다각도로 설명되고 있다. 우선 기질이나 성향의 영향으로, 지나치게 소심하고 조심하며 완벽주의적인 기질은 실수나 잘못에 대해 예민하고 타격이 크다. 그런가 하면, 어린 시절의 양육 방식, 따돌림, 상처, 실패 같은 부정적인 경험이 자신감 형성에 중요한 역할을 한다. 특히 성장하면서 주변으로부터 '충분치 않다, 부족하다'라는 말을 많이 듣거나 칭찬이나 긍정적인 말을 충분히 듣지 못하면 부족함을 무의식적으로 내면에 새긴다. 또한 주변의 요구나 기대에 부응하지 못하거나 자신의 기대치에 못 미치는 경험을 반복하면 자신감 하락으로 이어지기도 한다. 비슷한 맥락에서 이상적인 자아상이나 목표에 도달하지 못했을 때 느끼는 실망과 좌절감도 자신감에 결정적인 영향을 미친다. 예를 들어, 중학교에 진학하니 초등학교에서 받던 스포트라이트가 사라지는 경험, 대학에는 자신보다 잘난 사람들투성이라는 생각, 직장에 유능하고 특출난 인간이 많다는 깨달음 등에서 문득 자신감에 대해 생각해 보게 된다.

자신감을 꼭 집어 높여 주는 방법이 있다면 얼마나 좋겠는가? 하지만 자신감은 개인마다 제각기 다른 역사와 경험에 의해 생겨나고, 뚝딱해서 쉽게 만들어지는 것이 아니다. 조금씩 습관과 생각을 바꾸어 가고 좋은 인간관계를 맺으며 작고 큰 성취를 쌓아 가는 과정을 통해, 자신에 대한 믿음을 늘려 가는 것이 답일 것이다. 일상에서 자신감 증진에 도움이 되는 쉬운 방법들을 제시해 본다.

▷겉모습에도 투자하기

멋을 내고 치장을 하라는 뜻이 아니다. 주기적으로 머리를 하고, 메이크업과 옷차림이 깔끔하고 멋있으면 자신감이 생기는 한편, 너무 대충 입은 옷차림새는 자신감을 떨어뜨리기 쉽다. 아무거나 입었을 때와 갖추어 입었을 때, 자신의 말과 행동이 달라지는 것을 느껴본 적이 있을 것이다. 좀 더 나은 나를 위해 마음을 쓰고 투자를 하는 것에는 제대로 차려입기, 깔끔한 겉모습 유지하기도 포함된다.

▷단순하게 생각하기

자신감이 없을수록 어떤 일을 앞두고 생각이 많고 걱정도 많아진다. 주로 안 좋은 가능성을 생각하며 걱정이 많아지고, 쉽게 생각해도 되는 일을 복잡하게 생각하기도 한다. 걱정이 불안으로 이어지고, 복잡하게 생각하는 과정에서 자신감에 타격을 입게 된다. 복잡하게 생각해 자신감이 하락하는 경우가 있기 때문에 쉽고 단순하게 생각하는 습관이 중요하다.

▷자신을 대접해 주기

가끔씩 자신에게 맛있는 음식, 책, 선물 등을 대접하면 기분이 좋아지는 것과 같이, 자신이 기울인 수고와 노력에 대한 적절한 보상을 해 준다. 보상과 대접은 소소할지라도 자신의 가치를 긍정적으로 생각하게 하는 효과를 가져온다. 자존감이 낮은 사람일수록 자신의 욕구와 바람을 중요하지 않은 것으로 여기거나, 다른 사람으로부터 대접받는 것도 불편해한다.

▷하기 싫은 일, 맞지 않는 일 멈추기

자신감이 없는 사람들 중에는 자신에게 맞지 않거나 하기 싫은 일을 책임과 도리, 예의상 참으며 하는 경우가 많다. 어떤 종류의 일이든 인내와 끈기가 필요한 것은 사실이지만, 너무 맞지 않고 하기 싫은 일이라면 현실을 감안하여 멈춰 보는 것도 도움이 된다. 무엇인가를 그만둔다는 것은 자신감이 없는 사람에게는 어려운 일이기에, 하기 싫은 일을 그만두는 것도 용기와 자신감을 얻는 연습의 기회이다.

▷자기비판적인 태도 점검하기

자신감이 없는 사람일수록, 자신에게 지나치게 비판적이고 관대하지 않다. 잘 한 일에 대해서 '잘했다, 수고했다'는 말보다 '해내긴 했다, 더 잘해야 되지 않았을까'라며 아쉬워한다. 다른 사람에게는 기대하지 않는 기준을 자신에게만 적용하는가 하면, 자신의 실수나 잘못을 쉽게 용서하지 못하기도 한다. 자신에게만 유독 관대하지 못한 잣대가 있는가 생각해 본다.

▷좋은 사람들과 만나기

만나면 좋은 영향과 기운을 주는 사람들이 있다. 함께 하는 것 자체로 위로와 힘이 되는 사람들이다. 반대로 자신을 위축시키고 기운을 빠지게 하는 사람들도 있다. 좋은 영향력 아래 자신을 두는 것만큼, 좋지 않은 영향력으로부터 자신을 보호하는 것도 중요하다.

▷작은 성취 얕보지 않기

목표한 점수 얻기, 좋은 학교나 직장에 들어가기, 꿈꾸던 일 이루기같이 '크고 중요한' 결과와 자신감을 동일시하는 생각은 오히려 부담과 압박으로 다가온다. 일상에서 자신과 한 약속 지키기, 맡은 일 완수하기, 시간 지키기, 계획 실행하기 같은 '작은' 성취를 소중히 여기고, 의미 있게 쌓아 가는 것이 '큰' 성취로 가는 과정이라고 생각한다.

▷ 좋은 사람 되기

힘들어하는 친구에게 위로가 되어 주고, 누군가 도움을 청할 때 기꺼운 마음으로 도움의 손길을 건네고, 심지어 모르는 사람에게 친절을 베풀거나 양보하는 일은 자신을 좋은 사람이라고 느끼게 하는 행동이다. 능력 발휘나 성취에서 오는 자신감에 비해, 누군가에게 대가 없이 내민 마음과 손길이 도움이 되었다는 데서 오는 보람과 만족감은 더 깊고 오래 지속된다. 자신의 좋은 면들을 발견하고, 다른 사람의 진심 어린 고마움에서 얻는 존재 가치는 경험해 본 사람만이 안다.

자신감은 문제가 될 정도로 너무 없는 것이 문제이지, 사실 그렇게 많지 않아도 된다. 자신에 대해 생각해 볼 때 '이만하면 됐지'라는 편안한 생각이 들고, 잘못이나 실수 앞에서 죽을 것같이 힘들지 않고, 미래에 대한 걱정이나 불안을 '잘 되겠지'라고 접을 수 있는 정도면 평균 이상의 자신

감이 있다고 본다. 자신이 어떤 상황에 처하더라도 살아갈
것이라는 믿음, 자신감의 핵심이다.

과도한 불안이 만든 걱정

공황 장애가 생긴 이유들을 생각해 보았다. 낯선 환경에서 몸이 아프고 이중 삼중 힘든 일이 겹쳤는데 그걸 혼자 참고 안간힘을 쓰다 보니 생긴 것 같다. MRI 기계에 들어갔다가 폐쇄 공포증을 경험한 뒤, 심한 공포심과 불안으로 고생을 하였다. 그리고 온갖 안 좋은 생각에 빠져 지냈다. 그 중에서도 불안하게 쫓기는 생각, 이어지는 불길한 생각으로 최악의 상상의 나래를 펼치곤 하였다. 처음 겪어 보는 불안과의 씨름은 많은 드라마를 써가면서 일상의 큰 걸림돌이 되었다. 불쑥 올라오는 불안 때문에 볼 일을 보러 나갔다가 집에 돌아와 눕거나, 갑자기 불안해지면 몸이 좋지 않다는 이유로 회의를 중단하고, 식당에서 먹는 둥 마는 둥 나온 적도 있다. 나와 똑같은 드라마는 아닐지라도, 불안은 우리의 일상 언저리를 맴돈다. 시험 전날, 발표 직전, 진찰 결과 듣기 전에 잔뜩 긴장하고 불안하며, 새로운 직장이나 데이트를 앞두고도 떨리는 마음을 경험한다. 일시적으로 왔다 사라지는 불안과 달리, 일상에서 지속적이고 과도하게 느끼는 만성적인 불안은 몸과 마음을 지치게 할 뿐 아니라 건강, 일, 공부, 관계 등에 심각한 정도로 지장을 준다.

불안은 원래 스트레스에 대한 자연적인 생존 반응으로 알려져 있다. 위험을 감지하면 도망가거나 싸워 자신을 보호하는 생존기제로서, 그 옛날 생존을 위협하던 자연재해나 야생 동물 대신, 직업, 돈, 관계, 건강 등의 문제가 위협이 되고 있다. 최근 코로나로 인한 전염병의 위협으로 긴장되고 두렵지만, 모두 경계심을 갖고 조심하면서 살고 있는 것처럼, 자신에게 위협이 되거나 스트레스가 되는 상황에서 준비 태세를 취하게 하는 것은 불안의 원기능이다.

심리학자 그래함 데비는 실제의 위협이 아닌 일어나지 않은 미래의 위협에 대해 우리가 과장되게 생각해 더 불안하게 된다는 점을 설명한다. 예를 들어, 코 앞에 놓인 발표로 덜덜 떠는 것이 아닌, 한 달 남은 발표에 대한 안좋은 시나리오(실수하는 것, 망치는 것, 할 말이 생각나지 않는 것,

대답하지 못하는 것, 반응이 별로인 것)를 머릿속으로 리허설하면서 두려움, 긴장을 경험하는 것이다. 심리학, 인간 행동에 관한 온라인 저널〈Psychology Today〉에 게재된 불안에 관한 글에서는, 불안은 인간이 불확실한 미래를 상상할 수 있는 능력에 대해 치루는 대가라고 설명한다. 미래의 일을 생각하고 준비함으로써 덜 불안해져야 하는데 더 불안해지는 것이 문제이다. 불안이 오래 지속되면 호흡과 심장 박동의 어려움, 두통, 소화 불량과 같은 신체적 증상이 나타나고 집중이 안되며 걱정의 상승, 강박적인 행동이 나타나기도 한다. 가슴만 쿵쾅대며 끝나는 것이 아니라, 다른 문제들을 동반하기 때문에 더 힘들어지는 것이다.

불안에 둔감한 사람이 있는가 하면, 불안에 취약한 사람이 있다. 비슷한 상황에서 둔감파는 그러려니 하고 넘어가는 반면 취약파는 예민하고 과도하게 반응하여, 더 걱정하고 더 안 좋은 쪽으로 생각한다. 일반적으로 유전적 취약성이나 성향, 스트레스가 많은 환경이나 가족 관계, 호르몬 영향, 건강 문제 등에서 비롯된다고 알려져 있다. 그 가운데, 트라우마처럼 힘든 일을 겪은 경험이 가장 보편적인 원인이지 않을까 싶다. 갑작스러운 병, 실직, 이별, 실패, 죽음과 같은 예기치 못한 비극을 경험한 사람은, 유사한 자극에 민감해질 수밖에 없다. 혹시 또 아픈 것은 아닐까, 또 실패한 것은 아닐까 과거의 충격적인 경험과 연결하기 때문이다. 걱정되는 마음을 혼자 오래 갖고 있거나 편안하게 이야기할 누군가가 없는 것도 중요한 이유가 된다. 불안한 마음은 털어 냄으로써 가벼워지는 경우가 많기 때문이다.

불안에 대한 몇 가지 대처 방법을 나누어 본다.

▷불안은 압도되기 쉬운 감정이다.

불안에 쉽게 압도되는 이유는, 가슴이 벌렁거리고 안 좋은 생각이 이어지면서 암담하고 당황스럽기 때문이다. 불안에 대해 알고 있는 것은 과도한 두려움을 예방하는 데 큰 도움이 된다. 어떤 문제가 불안을 촉발하는지, 불안의 증상들이 어떻게 나타나는지, 어떤 패턴으로 불안이 심화되는지 등을 아는 것이다. 스트레스를 알아차리고 잘 맞서라는 사인으로서 불안을 받아들이면, 다룰 수 있는 힘도 따라온다.

▷불안에 대처할 수 있는 자신을 믿어준다.

정신건강 정보제공 웹사이트 멘탈헬스에 게재된 글에서는, 불안과 관련된 잘못된 생각으로, 위협이 되는 문제는 크게 생각하는 반면, 자신의 문제 해결 능력은 작게 생각하는 점을 꼽는다. 불안이 힘든 이유는 나쁜 가능성을 과도하게 생각하고, 자신은 무력하고 약한 존재로 여기기 때문이다. 불안에 어쩔 줄 모르는 것이 아니라, 불안이 와도 의연히 대처할 수 있는 자신을 믿는 연습이 중요하다. 과거에 자신이 잘 대처했던 경험들을 떠올리며, 가까운 지인과 불안한 마음을 나누고, 까짓것 맞서 보자는 자신감을 장착한다. 그런 자신을 믿고 격려해 주는 가족과 친구의 응원은 큰 도움이 된다.

▷불안해하는 자신이 또 다른 스트레스가 된다.

불안을 자주 경험하는 사람은, 멀쩡하게 잘 사는 사람들과 비교하여 소심하고 겁쟁이인 자신을 탓한다. 불안에 취약한 성향과 기질, 건강 문제나 트라우마, 스트레스가 많은 환경 등 불안을 야기시키는 이유는 많다. 타고난 이유라면 그렇게 타고난 자신을 인정하고, 스트레스가 많은 환경에서 지낸다면 불안도 그에 따른 결과로 이해하는 것이 현명하다. '나는 왜 이렇게 소심할까, 불안해할까' 대신, '나는 불안에 약한 사람이다. 불안을 많이 주는 환경에 처해있다'라고 생각을 바꾸면 어떨까 싶다.

▷불안을 없애려 하면 더 불안해진다.

불안에 취약한 성향 가운데 완벽주의와 높은 기대를 꼽을 수 있다. '더 꼼꼼히, 더 실수 없이, 더 완벽하게'를 좇다 보면, 두려움은 커지기 마련이다. '이만하면 되었다, 최선을 다했다'라며 멈추는 연습이 도움이 된다.

▷해결해야 한다는 강박 내려놓기

불안 치료에서 강조하는 것 중에 하나는 통제할 수 없는 문제를 받아들이는 것이다. 욕심을 내려놓으면 편안한 마음이 생기고 미움을 내려놓으면 용서가 가능한 것처럼, '해결해야만 된다'는 강박적인 생각을 내려놓는 것이다. 많은 경우, 문제를 해결해야만 한다는 마음이 강할수록 불안도 커지는 이유는 해결하지 못하면 큰일난다는 두려움이 크기 때문이다. 나쁜 가능성을 예상하고 준비할 수는 있지만, 가능성 자체를 막거나 없앨 수 없다는 사실을 받아들이는 것은 불안에 대처하는 첫걸음이다. 일어날 가능성을 염두에 두고 어느 정도 준비를 하는 것이 걱정되는 일 앞에서 최선이 아닐까 싶다.

▷불안이 올라오면 바깥으로 털어 낸다.

바깥으로 털어 내는 것 자체가 불안을 감소시키는 효과가 있다. 나의 경우 혼자 이야기할 때는 '불안이 올라오는구나, 불안아 물러가라, 생각하지 않겠다' 등 주문을 외운다. 누군가에게 이야기한다면, 잘 들어 주고 장단을 맞추어 주는 사람이 바람직하다. 진심 어린 경청과 무조건적인 위로는 큰 힘이 된다.

▷바쁨으로 일상의 기어를 바꾼다.

가슴이 콩닥거리고 안 좋은 생각이 나서 골똘히 생각에 잠기는 것은, 불안으로 깊숙이 들어갈 수 있는 위험 요소가 될 수 있다. 대신 몸을 움직이면서 하는 청소, 요리, 산책, 운동, 수다, 인터넷 쇼핑 같은 취미는 불안을 차단하는 데 도움이 된다.

불안은 수시로 우리 일상을 방문한다. 갑작스러운 어려움 앞에서, 문제 해결을 위해 애쓰는 과정에서, 다가올 미래의 일을 준비하는 과정에서 조금씩 다른 모습으로 마주치게 되기 때문이다. 불안은 쉽게 지나치거나 억누르고 무시할 수 없는 감정 중 하나이지만, 그 특성을 잘 이해하고 그때마다 적절히 다루어 나간다면 강력한 삶의 무기가 될 수 있다. 나의 경험상, 가슴이 쿵쾅대고 숨이 가쁘면 긴 호흡이 도움이 된다. 길게 숨을 내뱉으면 호흡도 편해지지만, 한결 여유가 생긴다. 크게 걱정하지 말자고, 잘될 거라고, 나보다 크신 존재에게 맡기자고. 불안이 찾아와도 그것에 삶이 압도되지 않고 그 영향력을 줄이면서 사는 것, 불안과 함께 사는 법이 아닐까 싶다.

2장

나를
괴롭게 하는
안좋은 습관

쉼이 필요하다

가까운 지인 가운데 자타공인 완벽주의자가 있다. 우선 글씨에서 나타난다. 자판에서 나온 것처럼, 그림을 그린 것처럼 바르고 흐트러짐이 없다. 대부분 결과물도 깔끔하고 오류가 없다. 일상도 일정한 규칙과 원칙에서 벗어나는 적이 별로 없다. 정해진 시간에 밥 먹고 일하고 운동도 빼먹지 않는다. 그런데 스트레스가 많은 것이 문제이다. 작은 일 하나도 건성으로 하는 법이 없고 진을 뺄 때까지 최선을 다하기 때문이다. 신중하고 꼼꼼한 탓에 실수가 없지만, 본인은 애를 많이 쓰면서도 결과물에 만족하지 못한다.

일반적으로 완벽주의는 건강한 완벽주의와 그렇지 못한 완벽주의로 나누어 설명된다. 건강한 완벽주의는 높은 목표와 기준을 세워 좋은 성과를 가져오는 동기와 원동력이 되는 반면, 그렇지 못한 완벽주의는 완벽한 결과에 대한 압박감과 실수와 실패를 피하려는 걱정으로 인해 오히려 기대에 못 미치는 결과로 이어진다. 주변에서 좋은 성과를 내면서도 여유와 열정을 잃지 않는 건강한 완벽주의자를 볼 수 있는 한편, 높은 성취 욕구와 열심에도 불구하고 스트레스와 불안으로 힘들어하는 완벽주의자도 보게 된다.

완벽주의의 사전적 의미는 '높은 기준을 정해 놓고 실수와 오점 없이 성취하고자 하는 경향'으로 완벽한 결과를 추구하는 데 따르는 불안과 걱정, 염려까지 포함한다. 지나친 완벽주의의 폐해는 일의 효율성이나 만족도, 슬럼프로도 나타나지만, 정신 건강에도 적지 않은 영향을 미치는 것으로 알려져 있다. 건강과 부모 교육에 관한 작가 엘린 베일리는 완벽주의자의 특징으로 실수에 집착하고 쉽게 비판적이고 방어적이며, 완벽함을 위해 자신의 웰빙을 희생하고 통제하는 경향 등을 꼽는다. 비현실적으로 높은 기대 때문에 긴장과 스트레스가 많고, 완벽하지 않은 것에 쉽게 실망하고 우울해하는 한편, 다른 사람의 평가와 인정에 민감하고, 결과에만 치우쳐 과정을 즐기지 못하는 것이다. 한편 자신에게 완벽함을 기대하는 경우는 지나친 성취 욕구, 성공에 대한 강한 열망, 사회적 인정에 대한 욕구 등에서 비롯될 수 있다. 타고난 기질, 성향도 있지만 성장기부터 주변의 지나친 기대에 부응하지 못하거나 뜻하지 않은 실패로 인한 트라우마 때문에 완벽주의 성향을 갖기도 한다.

완벽주의의 가장 큰 문제는 지나침과 자기만족이 없다는 점이다. 비현실적인 기준, 지나치게 높은 목표, 과도한 기대의 공통점은 지나침이다. 지나친 완벽을 추구하면서 소모하고 희생하는 것이 많아지면 오히려 득보다 실이 더 많아진다. 한편, 이루지 못한 꿈, 도달하지 못한 목표, 실패한 결과는 자기 비난과 절망감으로 이어져 만족을 느끼기 어렵게 만든다. 더 잘했어야 된다는 후회, 더 잘하지 못했다는 자기 실망, 더 잘할 수 있었다는 아쉬움이 완벽주의자에게서 많이 보이는 이유이다.

완벽주의는 성향, 기질의 문제이고 종종 내적인 문제에서 비롯되기 때문에 쉽게 없어지지 않는다. 특히 완벽을 추구함으로써 치르는 괴로움에도 불구하고 벗어나지 못하는 것은 습관이고 중독성이 있기 때문이다. 하루아침에 완벽주의에서 자유로울 수는 없지만, 조금씩 습관과 생각을 바꾸고 작은 변화와 성취를 확인하면서 좀 더 건강하고 생산적인 방향으로 나아갈 수 있을 것이다. 지나친 완벽주의자가 점검해 보면 좋은 몇 가지를 나눠 보겠다.

▷내적인 욕구와 두려움의 표현이다.

완벽을 추구하는 마음의 뿌리에는 성공에 대한 강한 욕구, 과거 실수에 대한 창피함, 실패에 대한 두려움, 인정에 대한 갈망, 낮은 자존감 등이 자리잡고 있는 경우가 많다. 완벽주의는 그것들을 숨기거나 보상하는 도구가 된다. 자신의 완벽주의가 어디서 왔는가 생각해 본다.

▷완벽의 기준에 대해 말해 본다.

완벽주의자는 자신이 정한 기준이나 기대가 지나치게 높고 비현실적이라는 사실을 모르거나 부인할 때가 많다. 완벽주의 관점에서는 당연한 것이기 때문이다. 반복되는 실수나 좋지 않은 결과의 패턴을 살펴보면 '너무 높거나 비현실적인'이라는 공통점을 찾을 수 있다. 자신의 기준에 대해 생각해 보거나, 친구나 지인에게 털어놓으며 함께 분석해 보는 것도 좋다. 다만 상대방의 피드백이나 의견에 기분 나빠지거나 방어적이 되기 쉽다는 점을 조심한다.

▷ 실수를 너무 극단적으로 생각하지 않기

완벽주의가 제일 경계하는 것 가운데 하나는 실수이다. 과거의 실수가 치명적이었다면 그것을 반복하지 않거나, 실수로 인해 빚어진 결과를 보상하고자 더 절실하게 된다. 실수를 되돌릴 수 없다는 극단적인 생각, 또 다른 실수를 용납하면 인생은 끝이라는 재앙적인 생각, 실수한 자신이 밉고 싫은 자기혐오감 등으로 힘들어 한다. 실수해도 괜찮다고 스스로에게 반복해서 말해 주는 것, 나의 실수를 주변에서 관대하게 받아 주는 것, 모두 도움이 된다.

▷ 결과만큼 과정도 중요하다.

결과지향적인 완벽주의가 공부나 일을 하는 과정에서 쉽게 놓치는 것은 그 과정에서 느끼는 즐거움과 보람, 재미가 아닐까 싶다. 프로젝트를 진행하며 오로지 성공을 위해 치밀하고 정확하게 생산적인 면에만 주목한다면, 팀원들과의 유대감이나 우정, 농담과 간식 타임에서 오는 재미와 즐거움, 사람들을 알아가는 보람과 의미, 일하는 과정에서 배우고 성장하는 것 등을 놓칠 수 있다. 습관적으로 자신이 놓치고 있는 것이 무엇일까 생각해 본다.

▷ 이만하면 충분해!

생전의 나의 아버지는 물건을 고를 때나 맛집을 선택할 때 너무 최고를 고집하지 말라고 하셨다. 이유는 최고를 선택하기 위해 애쓴 반면 기쁨은 순간이고, 시간이 지나면 최고와 최고에서 두 번째 간의 차이가 크지 않다는 것이다. 자신이 정의한 최고가 아니면 안 된다는 생각을 갑자기 내려놓기는 어렵다. 대안으로 두 번째나 세 번째로 좋은 것을 선택하는 것처럼 스스로와 조금씩 타협하는 방법을 생각해 볼 수 있다.

▷ 작은 부분에 신경 쓰지 않기

완벽을 위해 작은 부분, 세부적인 것에 시간과 공을 많이 들이며, 잘해야 된다는 부담감에 최후의 순간까지 공부나 일을 미루는 것은 완벽주의자들에게 흔한 습관이다. 일단 해버리기, 일단 마치기, 더 이상 고치지 않기, 더 했어야 된다는 생각 끊기, 멈추기 등은, 붙들고 있는 습관, 미련을 버리지 못하는 습관을 고치는 데 도움이 되기도 한다. 이 때 가까운 사람의 이만하면 됐다는 확인과 지지는 큰 도움이 되기도 한다.

지나친 완벽주의가 지불하는 가장 큰 대가는 일상의 소소한 행복과 만족감이 아닐까 싶다. 완벽에 대한 압박감이 잠재하는 일상에는 긴장과 불안이 늘 깔려 있는 한편, 일하면서 느끼는 보람, 함께하는 재미, 마음의 여유는 놓치기 쉽다. 수능 말고 완벽히 점수로 매길 수 있는 것들은 많지 않다고 생각한다. 평균 이상의 열심과 성실로 임하면 대부분 좋은 점수를 주는 것이 인생이라는 사실을 믿어 보길 바란다. 완벽함에 대한 강박과 절실함으로 인해, 일상의 행복을 유보하고 너무 희생하지 않았으면 좋겠다. 완벽함 대신 즐거움과 좋은 생각, 꾸준함을 채운다면 무엇이 되었건 좀 더 완전한 모습에 가까이 갈 수 있다고 생각한다.

인간관계를 어렵게 만드는 경직된 마음

나의 경우 나라를 옮겨 다니며 살다 보니 무엇보다 적응력이 중요했다. 가장 적응하기 힘들었던 나라가 인도였는데, 개인적으로 힘든 일이 많은 시기와 겹쳐서 그랬나 싶다. 다양한 체험을 해볼 수 있는 인도살이의 많은 혜택에도 불구하고 불평과 불만으로 지냈다. '여기는 왜 이럴까'라는 한탄에서 '여기는 이렇구나, 다르구나'라고 생각을 바꾸면 좋았을 텐데, 왜 그렇게 마음을 열지 못했는가 아쉬운 추억으로 남는다. 삶의 변화에 발맞출 줄 아는 유연성, 융통성, 개방성의 반대는 경직과 고집, 편협함이라는 것을 실감한 셈이다.

인지행동 상담이론에서는 '나는 ~해야만 한다', '다른 사람은 ~해야만 한다', '세상은 ~해야만 한다'와 같은 생각들을 유연성이 없고 경직된 사고 유형이라 설명한다. 인도 사람들의 색다른 습관이나 전통은 청결과 예의에 관한 나의 기준에 반하는 것이 많았다. 재래시장에서 장을 보며, 택시비를 계산하며, 진료비를 지불하며 황당한 상황과 맞닥뜨리곤 했다. 큰 피해를 입은 것도, 큰 일도 아닌데 왜 그렇게 얼굴을 찌푸렸을까 지금 생각하면 민망하기 짝이 없다.

또한 '~하면 큰일난다' 같은 나쁜 가능성을 과장하기 때문에 부정적이고 불안한 마음이 항상 깔려 있다. 인도에서 아프면 큰일 난다는 생각으로 삶의 반경을 제한하고 조심하면서 사느라, 즐길 여유와 기회를 잃어버렸던 것이 안타깝다. 일상도 마찬가지이다. 길이 막히면 큰일난다는 생각으로 운전대를 잡게 되면 교통 체증 앞에서 느끼는 초조함은 더 클 수밖에 없고, 상황 대처 능력도 떨어지게 된다. 이번에 잘하지 못하면 인생 끝이라는 믿음을 가진 사람이 막상 실패하면 더 불행하고 더 괴로워하는 것도 같은 이유이다.

경직성의 반대는 쉽게 구부릴 수 있는 정도를 뜻하는 유연성이다. 경직된 정도가 지나치면 생각이나 태도를 상황에 맞게 바꾸어 유연하게 대처하거나, 다른 사람의 관점을 이해하고 수용하는 것이 어려워진다. 나의 인도살이처럼 자신만의 방식을 고집하는 사람은 상대방이나 주변이 생각대로 돌아가지 않아 쉽게 좌절과 불만을 경험하고, 주변에서도 가까이하기 부담스럽고 불편한 존재가 된다. 아마 자꾸만 따지는 나를 집주인을 비롯한 인도 사람들도 좋아하지 않았을 것이다.

심리적 경직성은 흔히 자폐 증상과 비유해서 설명되기도 한다. 한 가지 방식에만 익숙해져 있어 다른 선택이나 대안에 마음을 열지 못하고 괴로워하는 현상이다. 다른 생각이나 관점을 거부하고 자신의 사고와 원칙을 중심으로 살아가기 때문에 상대적으로 유연성이 떨어지고 불안도 높아진다. 주변에서는 이런 사람을 답답하고 융통성이 제로인 사람으로 안타까워하지만, 사실 제일 괴로운 건 본인이다. 본인도 자신이 그렇다는 걸 알면서도 굳어진 것을 풀어내기가 어렵기 때문이다.

경직성의 원인은 여러 각도에서 설명된다. 임상 사회 복지사 로버 태비는 지나치게 일상의 규칙에 매이는 경직성의 원인을 불안으로 설명한다. 불확실한 것에 대한 두려움이 크면 그것을 미리 피하거나 차단하기 위해 일정한 규칙을 세워 통제감과 안전감을 추구하는 심리이다. 한편 심리학자 제니퍼 델가도는 정신 분석학적 측면에서 경직성을 자신의 행동이나 의견, 태도를 바꾸는 것에 대한 심리적 저항, 변화에 대한 무의식적인 저항으로 설명한다. 경직성이 자신감이 부족할 때 자신의 믿음이나 습관을 보호하기 위한 보호기제 역할을 한다는 의미이다. 나의 방식과 다른, 익숙하지 않은 방법과 부딪히면 혼란스럽고 고통스럽기 때문이다. 그런가 하면, 생각을 바꾸거나 다른 생각을 하지 못하는 인지적인 경직성으로도 설명된다. 이러한 원인을 이해하는 것은 주변에 큰 도움이 된다. 융통성이 없고 자기 방식만을 주장하는 사람들이 똥고집이 아닌 불안과 불편함에서 그런 것이라고 이해하면 한결 대하기가 쉬워진다.

뭉친 근육을 풀기 위해서 불편함을 참아 내고 시간이 걸리듯이, 굳어진 생각이나 습관도 의식적인 노력과 시간을 통해 좀 더 유연하고 편안하게 바꾸어 갈 수 있다. 경직성 풀기에 도움이 될 만한 생각들을 나누어 보겠다.

▷ 가장 힘든 것은 자신이다.

경직된 사고나 습관으로 인해 주변에 불편을 끼칠 때도 있지만, 실제로 가장 힘든 사람은 본인이다. 자신이 세워 놓은 규칙이나 원칙을 지키느라 애를 쓰지만, 그것을 지키지 못한 비난의 화살을 자신에게 쏘기 때문이다. 굳은 습관들을 고치고 싶지만 마음같이 되지 않고 원칙이 무너지는 것에 대한 불안을 다루는 것이 본인에게는 가장 힘든 부분일 것이다.

▷소외감의 원인이 된다.

자신만의 방식을 고집하는 일이 반복되면 누구도 못 말리는 고집쟁이 또는 자기밖에 모르는 답답하고 자기중심적인 사람으로 낙인되기 쉽다. 주변으로부터 느끼는 소외감이나 거리감, 외로움은 대부분 상황에 맞게 협조, 양보, 대처하는 능력이 떨어지기 때문에 발생한다.

▷ '~해야만 한다'는 생각에 조금씩 도전한다.

심리학자들이 경직성 풀기의 가장 중요한 부분으로 강조하는 방법이다. '~해야만 한다'와 같은 절대적이고 당위적인 생각이 많을수록 좌절과 실망을 느끼기 쉽다. 자신도 높은 기준에 맞추기 어려울 뿐 아니라, 다른 사람이나 세상도 나의 기준에 어긋날 때가 많기 때문이다. 자신의 어떤 습관이나 생각이 너무 강박적이고 극단적이지 않은가, 그것으로 다른 사람에게 불편과 피해를 주지는 않는가, 그것을 맞추느라 나 자신도 너무 버겁지 않은가 같은 질문들을 던져 본다. 생각 자체로도 도움이 될 때가 많다.

▷대세를 따라가는 연습을 한다.

심리학자 안드레아 엄바크는 유연성을 기르는 방법으로 다른 사람들이 주도권을 갖는 상황에서 그들의 의견을 따라가 보는 방법을 추천한다. 가족이나 직장, 공동체 생활에서, 나의 방식이나 의견대로가 아닌 전체적인 흐름이나 분위기에 묻어가면 자연스럽게 자신의 경직에서 자유로워지는 기회가 된다. 다른 사람의 방식을 따라가도 일이 잘 풀리고 나 자신도 별 이상 없다는 것을 확인해 본다.

▷털어놓고 이해와 협조를 구한다.

가까운 사람들에게 자신의 독특한 방식이나 습관에 대해 이해와 협조를 구한다면, 심각한 성격이나 행동 문제로 부각되지 않는다. 솔직하고 명확하게 이야기할수록 상대방의 이해도 쉽고, 협조도 가능하리라 본다. 무엇보다 주변의 이해와 지지는 조금씩 변화를 가져보는 데 큰 도움이 된다.

▷작은 것부터 무너져 본다.

로버 태비는 작은 변화를 가지고 실험해 보기, 약간의 불편함을 느껴보기 등을 추천한다. 경직된 기준이나 습관들 가운데 작은 것부터 무너져 보는 기회를 스스로에게 주는 것이다. '아침에 반드시 일찍 일어나야 한다, 그렇지 않으면 나의 하루는 망가진다'는 생각에는, 삼십 분 정도 늦게 일어나 본다. '매일 청소를 하지 않으면 끔찍하다'는 생각에는, 이틀쯤 청소를 하지 않는 연습을 해 본다. 강박적인 습관을 고치는 충격 요법으로 많이 사용되며, 자기와의 타협을 연습하는 기회가 된다.

▷ 시간과 기회를 준다.

오랜 시간에 걸쳐 형성된 습관은 시간과 기회를 준다면 조금씩 편안한 상태로 바꾸어 갈 수 있다. 갑작스러운 일, 황당한 일, 예상치 못한 일 등을 오히려 경직된 태도를 풀어 보는 기회로 삼는 것도 좋다. 금방 달라질 것이라는 기대보다 기회가 될 때마다 작은 변화를 시도하는 것 자체가 도움이 된다. 달라지기 쉬운 것도 있고 그렇지 못한 것도 있을 것이다. 가장 중요한 것은 달라지고 싶다는 마음이고, 변화에 대한 의지다.

경직의 뿌리는 불안과 두려움이다. 삶이 안정되고 마음이 편해지면 어느새 굳었던 생각이나 습관들에도 마음을 열게 된다. 굳어진 생각과 습관은 지고 갈 십자가가 아니라, 조금씩 내려놓을 수 있는 짐이라는 사실을 기억한다. 한꺼번에 내려놓을 수는 없지만, 나의 삶에 힘이 실릴 때 조금씩 내려놓을 수 있을 것이다. 인생의 힘든 시기와 인도살이가 겹쳤었다. 다시 살아 보면 그때처럼 찌푸리면서 살지는 않을 것 같은데 기회가 올까 모르겠다. 기회가 온다면 고집과 편견을 조금이나마 내려놓는 연습을 통해 그만큼 즐겁고 편안하게 지내보고 싶다.

부정적인 생각을 다스리는 방법

나의 주변에는 비관주의의 대가가 있다. 그 대가와 잠시라도 대화를 나누면 나도 비관적이 된다. 잘될 가능성보다 잘못될 가능성, 이득보다 손해, 성공보다 실패, 의미보다 허무, 즐거움보다 괴로움을 보기 때문이다. 그런데 비관주의의 대가도 나를 불편해한다. '좋게 생각하자', '잘될 텐데'라는 나의 말이 위로나 힘이 되기보다 화와 짜증을 불러오는 눈치이다. 오랜 시간에 걸친 부정적인 생각의 회로를 끊어 내기 어렵고 본인도 그렇게 하고 싶지만 잘 안되기 때문이다. 비관적인 성향이 많은 사람이, 낙관적인 생각이 불편하게 느껴지고, 긍정적인 사람과 거리감을 두는 이유이다. 그들의 관점에서는 자신이 겪은 실패나 쓰디쓴 인생 경험 없이 가볍게 하는 말로 들리기 때문이다.

우리 주변에는 부정적으로 생각하는 사람이 있다. 기대감에 찰 때 찬물을 끼얹는 사람, 세상이 온통 잘못되었다고 불만, 불평이 끊이지 않는 사람, 세상만사 냉소적인 사람 등이다. 비관주의란 부정적인 관점에서 항상 안 좋은 쪽으로 예상하고 긍정적인 결과에 대해 회의적인 경향을 의미한다. 비관주의의 반대쪽에는, 가능하면 좋은 면을 보고 좋은 결과를 예상하는 낙관주의가 있다. 대부분 우리는 이왕이면 긍정적으로 해석하고 미래에 대한 가능성과 희망을 버리지 않는 낙관주의를 모범답안 삼아 살아가려고 한다. 그래야 삶에 힘이 붙고 희망을 품으며 어려움을 돌파하는 원동력이 생기기 때문이다.

감정 코치 전문가이자 작가인 엘리자베스 스캇에 따르면, 낙관주의와 비관주의의 스펙트럼에서 대부분의 사람들은 문제나 상황에 따라 낙관과 비관을 오고 간다. 인간관계에 실패한 사람은 자연스럽게 연애, 우정에 대해 비관적일 수 있고, 공부는 못했지만 일에는 성공한 사람의 경우 공부의 중요성에 관해서는 부정적이지만 일에는 낙관적일 수 있다. 한편으론 대책 없이 모든 걸 좋게 보는 낙관적인 사람도 있다. 모두가 상황을 보는 관점 차이가 있고 그 관점은 살아온 경험과 배경, 조건에 따라 다를 수밖에 없다.

처음부터 비관적인 사람은 별로 없는 것 같다. 성향상 삐딱한 사람이 간혹 있긴 하지만, 반복된 좌절이나 실망으로 인해 비관주의자가 되기도 한다. 실패는 자신감과 희망을 무너뜨리고 세상을 보는 삐딱한 시선을 갖게 하기 때문이다. 문제는 평소 부정적인 생각을 많이 할 경우이다. 삐딱한 생각으로 끝나지 않고, 우리 정신 건강과 일상에 적지 않은 영향을 미친다. 부정적인 쪽을 생각하기 때문에 불안, 우울에 취약하고 스트레스 대처나 문제 해결 능력이 저하된다. 또한 잘못될 것이라고 예상하기 때문에, 새로운 걸 시도하는 것을 망설이고 쉽게 포기한다.

부정적인 생각을 줄이는 데 도움이 될 만한 몇 가지 생각을 나누어 본다.

▷ **부정적인 생각도 잘되고 싶은 마음의 표현이다.**

부정적인 생각이 많이 드는 이유는 마음속 깊이 잘되었으면 하는 욕구가 강하기 때문이다. 성공에 대한 욕구가 강한 만큼 실패에 대한 두려움이 큰 것은, 과거의 실패나 실망을 반복하지 않고 싶은 마음에서 비롯된다. 자신이나 다른 사람을 실망시키고 싶지 않은 마음이고, 잘되고 싶다는 마음이다.

▷안 좋은 쪽만 생각하는 패턴을 알아차린다.

부정적인 생각이 습관처럼 된 사람은 안 좋은 쪽에 집중하여 좋은 쪽은 필터링하고 안 좋은 쪽만 부각해서 본다. 습관적으로 부정적인 측면부터 보는 행동, 그것으로 단정지어 버리는 행동을 알아차리는 연습이 필요하다. 자신의 패턴을 알아차리면 부정적인 결론을 내리는 대신, 기다리거나 지켜보자는 식의 유보적인 시선을 가져 본다.

▷안 좋은 일에 대한 해석이 중요하다.

긍정 심리학에서는 안 좋은 상황에 대한 긍정적인 해석이 낙관적인 사고에 도움이 된다고 한다. 안 좋은 결과에 대해, '이번 일에 불과하다. 다른 일은 잘 될 것이다', '계속 안 좋게 되지는 않을 것이다' 같은 해석은 긍정적인 생각으로 이동하는 데 도움이 된다. 사람에 대한 실망도 마찬가지이다. '다음에는, 시간이 좀 지나면 괜찮을 것이다', '이런 행동이 계속되지는 않는다', '힘들면 그렇게 된다'와 같은 해석은 희망의 가능성을 놓지 않게 한다.

▷ '잘 되겠지'를 연습한다.

부정적인 생각은 하면 할수록 더 잘 든다. 머리 속에 멈춤 단추를 만들어, 부정적인 생각이 들면 바로 누르는 연습을 해 본다. 동시에 '잘되겠지'라고 말한다. 자기 독백은 문제를 해결해 주지는 않지만 걱정을 내려놓고 좋은 쪽으로 마음과 기운을 모으는 데 효과적이다.

▷재앙적 생각에서 걱정 어린 생각으로

인지 행동 치료에서 의미하는 재앙적 사고란 '~하면 최악이다, ~하면 돌이킬 수 없다'와 같은 극단적인 사고를 의미한다. '~하면 안 좋을 텐데, ~해도 어쩌겠는가' 정도의 걱정 어린 생각으로 바꾸는 연습을 한다.

▷부정적인 생각이 맴돌수록 털어 낸다.

부정적인 생각이 머릿속을 맴돌지 않으려면 다른 활동으로 빨리 전환하는 것이 중요하다. 산책, 운동, 청소, 쇼핑 등 별생각 없이 몰두할 수 있는 활동은 생각을 차단하는 데 효과적이다. 그리고 누군가에게 털어놓는 것도 도움이 된다. 털어놓음 자체가 생각의 객관화를 돕고 걱정이나 불안을 완화하기 때문이다. 기분 좋은 만남에서 긍정 에너지는 부정적인 생각이나 마음을 환기하는 데 도움이 된다.

▷자기패배적 예언 vs 자기실현적 예언

자기실현적 예언이란 자신에게 기대하는 바를 자기 암시

를 통해 행동으로 옮기다 보면 어떤 형태로든 이루어진다는 개념이다. 이러한 자기실현적 예언의 반대는 자기패배적 예언으로 '되지 않을 것이다, 애써도 소용없다' 같은 부정적인 자기 암시로 실패와 좌절을 예상하기 때문에 작은 조짐에도 불안과 의심에 사로잡히게 한다. 일이 어긋나면, 상대방이 호감을 표현하지 않으면, 바로 성과가 나지 않으면 금방 부정적인 결론을 내리고 한다. 반면 자기실현적 예언은 자신이 원하거나 이루고자 하는 바를 마음속으로 되뇌며 그것이 잠재의식이 되어 이루고자 하는 방향으로 자신을 이끌어 준다. 이왕이면 좋은 쪽으로 예상하면서 노력을 기울이면 좋은 결과로 이어질 확률이 높다고 생각한다.

비관주의의 대가가 달라졌다. '안 된다'로 바로 결론을 내리는 대신, '잘되면 좋겠다'정도로 의견을 표명한다. 냉소적인 척하지만 속으론 그 누구보다 잘되길 바라고, 행여 실망하게 될까 봐 긍정적으로 말하지 못했던 것이 대가의 본심인 것 같다. 부정적인 생각이 많은 것은 그만큼 잘되고 싶다는 마음이고, 스스로 실망하거나 주변도 실망시키고 싶지 않다는 마음이다. 비관적인 사람은 그런 자신의 마음을 알아주고, 주변 사람도 그 마음을 헤아려주면 좋겠다.

괴로움을 되새김질하지 말 것

기관지염을 오래 앓는 동안 목에 이물질이 있다는 느낌으로 힘들었다. 한 달 이상 치료를 받아도 가라앉지 않자 걱정이 되었다. 인터넷 검색은 물론 온갖 정보에 주변 조언까지 합쳐 매일 목 생각과 상상에 많은 시간을 할애했다. 한 달 이상, 목 생각만 했는데 결국 목은 낫고 오히려 공황 장애의 후유증을 앓았다. 불안하고 걱정되는 일은 생각할수록 더 생각에 빠지게 된다. 생각이 또 다른 생각과 생각으로 이어지면서 헤어나기 어렵다. 그런가 하면, 기분 나쁜 말을 듣거나 창피한 일을 겪게 되면 그 생각에만 사로잡히는 경험을 한다. 머릿속으로 그 순간을 몇 번씩 되감기 하며 '도대체 어떻게 그런 일이!' 같은 반응과 함께, 어떻게 대응해야 하나, 무슨 말을 해야 할까 등을 골똘히 생각한다. 오래 전

계산하는 줄에 서있다가 뒤에 있던 사람에게 새치기 누명을 쓴 적이 있었다. 며칠간이나 모욕의 순간을 회상하며 수치심과 복수심으로 괴로운 시간을 보내면서 실행도 못할 해결책을 상상만 했다.

미국심리학회에서는 곱씹음의 개념을 다른 정신 활동을 방해하는 과도하고 반복적인 주제에 대한 강박적인 생각으로 설명한다. 생각을 깊이 하는 것은 걱정되는 일, 기분 나쁜 일을 소화하고 해결하기 위한 자연스러운 과정이지만, 생각을 멈추지 못하고 자꾸만 빠져들 때는 문제가 된다. 곱씹음의 어원은 소나 양과 같은 되새김 동물이 역류된 음식을 다시 씹는 소화 작용과 관련이 있다. 소화 과정에서 위로 내려간 음식이 밑으로 내려가는 것이 아니라 다시 되씹는 과정을 반복하는 것처럼, 어떤 생각을 반복해서 되씹는 것을 의미한다. 통찰과 깨달음을 가져오는 깊은 사고, 반추와 달리, 생각 자체에 빠지고 맴도는 것은 우울, 불안, 강박증에서 많이 나타나며 정신 건강에는 좋지 않다.

감정 코칭 전문가 엘리자베스 스캇은 곱씹음이 문제가 되는 이유에 대해서 몇 가지로 설명하고 있다. 우선, 오래 생각하는 과정은 마치 되돌리기 버튼을 누르는 것처럼 생생하게 경험이 떠오르기 때문에 오히려 괴로움을 키운다. 또한 안 좋았던 일을 분석함으로써 해결책을 찾겠다는 바람을 전제로 하지만, 생각만 골똘히 할 뿐 문제 해결로 이어지지 않는다. 그리고 곱씹음의 사이클에 들어가면 강박적인 몰입으로 빠져나오기가 어려워 하루 종일, 밤새워 생각해도 지치지 않고 더 하게 만든다. 결과적으로 피곤하고 일상이 피폐해지는가 하면, 혼자만의 생각으로 오해와 왜곡, 편파적인 생각을 갖기 쉽다.

곱씹음은 얼핏 신중하고 깊게 생각함으로써 문제 해결에 대한 열정과 책임, 진지함을 갖고 있는 것으로 보이기 쉽지만 오해이다. 오히려 문제 해결의 반대 방향으로 가기 쉬운 이유는, 괴로움을 되새김하는 데 머물기 때문이다. 곱씹음의 습관을 개선하는 데 도움이 되는 몇 가지 제안을 나눠 본다.

▷생각은 굵고 짧게 한다.

생각을 오래한다고 좋은 해결책이나 깨달음에 도달하지는 않는다. 안 좋은 일, 기분 나쁜 일, 걱정되는 일일수록 굵고 짧게 생각한다. 생각이 많다는 것은 그만큼 떨쳐내지 못하고 사로잡혀 있다는 뜻이다. 안 좋은 일일수록, 생각은 짧게 하고 가족이나 친구에게 털어놓는 것이 좋다.

▷안 좋은 일은 생각할수록 기분이 더 안 좋아진다.

곱씹는다고 복잡한 마음이 정리되고 명쾌한 결론이 나지는 않는다. 생각이 반복되고 지나칠수록, 더 수렁에 빠지기 쉽고 기분도 더 나빠진다. 기분이 나빠지고 더 불안해진다는 것을 경험했다면, 다음번에는 오래 같은 생각에 머물지 않도록 조심한다.

▷곱씹음의 결론은 대부분 부정적이다.

엘리자베스 스캇은 곱씹음이 일반적인 문제 해결과 다른 점은 비생산적으로 부정적인 것에만 초점을 둔다는 점이라고 말한다. 부정적인 부분에 집중해서 생각하다 보면 결론도 부정적일 확률이 크다. 예를 들어, 모욕적인 말을 한 사람에 대한 적절한 대응을 하기보다는, 분한 마음에만 집중하게 된다. 그리고 생각을 거듭하다 보면 오히려 골치 아프니 '될 대로 되라'식으로 포기하는 결론을 내리기도 한다.

▷생각한 것을 대화로 풀어낸다.

혼자 곱씹은 생각에는 주관적인 오해와 편견이 있기 쉽다. 대화를 통해 생각의 지나침이나 왜곡을 확인하는 일이 중요하다. 곱씹은 생각에 대한 판단, 비판, 도전을 하는 사람보다 잘 들어 주고 공감하는 사람과의 대화는 자기몰입적인 생각을 발견하는 데 도움이 된다.

▷ **결론을 내야 생각이 멈춘다.**

건강 의학 정보를 제공하는 웹사이트 헬스라인에서는 곱
씹음을 해결하는 방법 중 하나로 어떻게 할 것인지 계획을
세워 행동에 옮기는 것을 강조한다. 생각이 멈추게 되는 시
점은, 결론을 내리고 행동이 개시되는 때이다. 생각 끝에
내린 결론이나 해결책을 미루지 말고, 가족이나 지인의 확
인과 지지를 받는다. 스스로 '생각 끝! 결론 완료! 행동 개
시!'를 선포한다.

▷ **밥 먹을 때 생각하지 않는다.**

해결할 일이 있을 때 혼밥을 하면, 밥 먹으면서도 계속 생
각하게 된다. 나의 경험상 밥 먹을 때 하는 생각은 생산적이
기보다 의미 없이 맴돌 때가 많다. 오히려 밥을 맛있게 먹는
데 집중하고, 재미난 영상이나 뉴스 등을 보며 생각을 하지
않는 것이 나중에 하게 될 진짜 생각을 위해 머리를 비우고
에너지를 비축하는 효과가 있다. 길거리를 걷거나 차 안에
서 하는 생각도 마찬가지로 맴도는 경우가 대부분이다. 정
말 해결을 위한 생각은 시간을 정해 놓고 딱 앉아서 정식으
로 하고, 끝내는 것이 바람직하다.

▷ 곱씹음이 습관이 되지 않도록 한다.

곱씹음도 한번 하기 시작하면, 안 좋은 일이나 상황에 대처하는 습관이 되기 쉽다. 생각에 깊이 빠지는 것이 가져오는 부정적인 영향들을 기억하고, '생각 끝!' 멈춤 버튼을 누르도록 한다. 생각에 빠지는 것을 차단하기 위해서는, 집안일 하기, 쇼핑하기, 산책하기, 운동하기 등이 도움이 된다. 한가하게 늘어지는 시간은 생각에 깊이 빠지게 한다.

민감보다 둔감이 삶에 좋은 도구가 되는 것처럼, 길고 깊은 생각보다 굵고 짧은 생각이 도움이 된다. 복잡한 일, 안 좋은 일일수록 혼자 너무 오래 생각하지 말고, 주변에 털어놓고 위로와 지지를 받는 것이 현명하다. 나 홀로 하는 생각보다 누군가의 응원은 털고 일어서는 데 큰 도움이 된다. 나의 경우 걱정이 올라오면 친구에게 카톡을 보낸다. '통화 가능?' 한 시간가량 하소연과 수다를 왔다 갔다 하는 사이, 걱정거리는 어느 정도 정리가 되고 곱씹음도 피하게 된다.

자기 연민에 너무 오래 빠지지 말 것

힘든 일이 연달아 일어나면 '왜 나한테만 나쁜 일들이 생기는 걸까?'라는 생각이 든다. 감정이 격해지면 나만큼 힘든 사람, 억울한 사람은 없을 것 같다는 극단적인 생각이 들기도 한다. 자기 연민에 빠지는 것이다. 병이 나서 아프면 왜 나만 아픈 걸까 속상하다가 병원에 가면 아픈 사람들이 나 말고도 많다는 사실을 발견한다. 나의 경우도, 공황 장애 치료로 몇 개월간 종합 병원에 다니는 동안, 나 혼자만 힘든 것이 아니라는 사실과 나만큼, 나보다 더 아픈 사람들이 많다는 사실에 위로와 힘을 얻곤 했다.

자기 연민은 불행한 일과 마주한 스스로를 불쌍하게 여기는 마음 상태이다. 슬픈 자신을 위로하고, 실패와 어려움을 받아들이는 과정이자, 감정과 생각을 추스르는 과정이기도 하다. 문제는, 자기 연민이 과도한 상태로 오래 지속될 경우이다. 나만큼 힘들고 괴로운 사람은 없다는 식의 자기 연민에 오랜 시간 몰입하면 지나친 슬픔, 무기력, 우울 등에 빠지기 쉽다.

많은 심리학자들은 자기 연민의 폐해를 다각도로 설명한다. 작가이자 마음 치유 전문가 알레시아 루나는 자기 연민에서 느끼는 불행감은 자기몰입적이라는 점을 지적한다. 자신의 상처, 괴로움, 어려운 상황에만 집중한 나머지, 현실을 보는 객관적인 시각을 놓치게 된다. 자신보다 더한 어려움, 다른 종류의 어려움이 있다는 사실을 잊고, 자신만을 피해자로 보는 것이다. 지나간 사랑, 잃어버린 기회, 짓밟힌 자존심, 비정한 인간, 불공평한 세상 등에 사로잡히고, 자신이 처한 불행이 너무나 크게 보여 다른 사람, 다른 것이 보이지 않기 때문에 현실 감각을 잃어버리기도 한다.

또 다른 이유는 자기 연민의 감정이 지나치고 과장된다는 점이다. 영어 사전 〈콜린스〉에서는 자기 연민을 자신과 자신의 문제에 대한 불필요하고 과장된 불행감으로 정의한다. 자신과 상황에 대해 필요 이상의 불행감과 슬픔, 억울함의 렌즈를 끼면, 지나치게 부정적인 생각과 감정에 빠진다. '세상에 이럴 수는 없다' '이보다 더 비참할 수는 없다' 같은 절대적인 생각으로 치닫기도 한다. 또한 과도하게 슬퍼하고 아쉬워하며, 탓하고 비난하는 데 에너지와 시간을 소모하기 때문에 삶이 피폐해진다. 부정적인 생각에 사로잡혀 있어서 기본적인 일상의 즐거움에서 멀어질 뿐 아니라, 무기력과 무반응 상태를 보이기도 한다.

혼자 괴로움과 고통의 시간을 보내는 사람이 있는가 하면, 지치지 않는 하소연과 불평, 호소로 다른 사람을 힘들게 하는 사람도 있다. 상담에서 만난 D가 그러한 사례이다. 가까운 가족을 떠나보낸 슬픔과 상실감보다 D를 더 마음 아프게 하는 것은 매정한 주변 사람들이었다. 몇 번에 걸쳐 반복되는 D의 하소연을 들으며 D가 매정한 사람이라고 하는 사람들의 심정이 이해가 되었다. 이처럼 자기 연민에 몰입하면, 받아 주는 사람이 지치고 시간이 지날수록 진심 어린 위로와 공감이 어려워진다는 사실을 모르게 된다. 오히려 현실과 주변을 객관적으로 보지 못해 소외감과 외로움을 느낀다.

불행 앞에 힘들어하는 자신을 보듬으며 일으키는 것은, 누구의 몫이 아닌 자신의 몫이다. 자기 연민은 잠깐 위로가 되지만, 길어지면 부작용이 많다. 자신의 슬픔이나 불행을 다독이면서 지혜롭게 일어서는 방법들을 나누어 본다.

▷슬프다! 비참하다!

한동안 맘껏 슬퍼하고 괴로운 심정을 표현하는 것은 건강한 자기 위로의 시작이다. 울고불고, 요란하게 슬픔을 달래는 것, 나 홀로 슬픔에 잠기는 것, 모두 자연스러운 방법이다. 개인마다 감정을 느끼고 정리하는 스타일이 다르기 때문이다. 자신의 스타일로 불편한 감정을 표출하고, 적절한 분출구를 갖는 것은 부정적인 감정을 소화하는 데 필요한 과정이다.

▷바깥세상으로 나간다.

혼자 방에 들어앉아 비참함에 사로잡히는 것은 하루 정도 하는 것이 맞지 않을까 싶다. 누구나 불행 앞에 가장 먼저 하게 되는 것은 '하필이면 왜 나에게 이런 일이 일어났을까?'라는 분노와 부정이다. 우리의 인생에는 행과 불행이 수없이 교차한다. 불행의 순번이 이번에 내 차례라면, 확률상 다음은 피해갈 수 있고, 이번에 안 좋았으면 다음엔 좋을 가능성이 더 많다. 방에서 바깥세상으로 나가면 사람들이 보이고, 복잡한 세상이 눈에 들어오면서 좁았던 시야가 넓어진다.

▷알아차리는 것이 중요하다.

마인드셋 강연자이자 코치인 뎁 존스톤은 건강한 의미의 슬픔에서 자기 연민으로 옮겨가는 전환점이 있다고 한다. 처음부터 심각한 자기 연민으로 시작하지는 않는데, 슬픔을 다루는 과정에서 너무 오래, 깊게, 심각하게 빠져 있다 보면, 어느 순간 과도한 자기 몰입으로 전환될 수 있다는 것이다. 알아차리는 순간, 더 이상 생각하지 말아야겠다고, 그만 슬퍼하겠다고 선언하는 것이 과몰입을 예방한다.

▷하소연, 불평, 비난은 짧고 확실해야 좋다.

하소연과 불평은 슬퍼하는 과정에 필요한 성분이다. 탓하고 아쉬워하며 비난하는 과정을 통해 감정의 정화가 일어난다. 한두 번의 하소연을 들어 주는 것을 마다할 가족과 친구는 없고, 기꺼이 위로자가 되어 준다. 그러나 몇 번이고 반복되는 하소연과 불평은 상대방을 지치고 불편하게 만들며, 상호간의 거리감과 불편함을 가져온다. 위로로 시작했다가 섭섭함으로 끝날 가능성이 생길 수 있다.

▷고집과 두려움이 자기 연민에 붙잡히게 한다.

자기 연민은 지난 일, 상처, 실패에 사로잡힐 때 심해진다. 어느 정도 생각하고 괴로워했으면, 해결이나 결심 단계로 가는 것이 맞다. 자기 연민에 종종 붙잡히는 이유는, 자신의 고집과 어떻게 해야 할지에 대한 불확신, 두려움 때문일 수도 있다. 슬픔에 오래 빠지면 헤어나기 어려운 것처럼, 자기 연민도 깊이 들어갈수록 빠져나오기 어렵다. 오랜 시간 연민에 머물고 있다면 그것에 붙잡혀 있게 하는 내적인 이유가 무엇인지 생각해 본다.

▷ 지지적인 환경이 필요하다.

혼자 조용히 있는 시간이 많고, 책임이나 간섭을 피할 수 있는 소외된 상황에서는 감정에 몰입하기 쉽다. 반대로 잔소리나 불평, 갈등이 너무 많은 환경에서도 편히 쉬거나 차분하게 생각하기는 어렵다. 힘든 마음에는 진정한 쉼과 진심 어린 위로, 생각의 계기와 영감을 줄 수 있는 환경이 도움이 된다.

▷ 해결책이 도움이 된다.

일어서야겠다는 결심은 자기 연민에 오래 빠지는 것을 예방하는 데 도움이 된다. 마찬가지로 해결책을 세우면 자기 연민을 멈추는 데 큰 역할을 할 수 있다. 해결책이나 결심을 적어 보고, 지인과 나누어 보면서 구체적으로 일어서는 방향을 결정하는 과정이 중요하다.

심리학자이자 작가인 크리스티나 스타는 자기 연민 대신

자기 위로를 대안으로 제시한다. 불행감에 깊이 빠지는 대신, 자신을 따뜻한 위로의 시선으로 대해 주는 것이다. 자신의 감정과 생각을 가볍게 여기지 말고 소중히 알아주며, 자신을 구박하거나 미워하는 대신 가족이나 친구가 해 주었을 공감과 위로를 해 주는 방법이 있다. "힘들 만하다, 속상하겠다, 화가 날 수밖에 없었구나."와 같은 공감의 말을 해주고 편안하게 대해 준다. 자기 연민의 신호가 오면 얼른 멈춤 단추를 누르고 진심 어린 자기 위로로 기어를 바꾼다.

3장

유쾌하지 않은
일을
대하는 자세

누구나 인정받고 싶다

강사를 계약제로 채용하는 기관에서 일하던 때, 재계약 시기는 강사들의 희비가 엇갈리는 때였다. 자신에 대한 인정이 고스란히 재계약 조건에 드러나는 장면에서 누군가는 뿌듯해하고 누군가는 눈물 흘리는 것은, 모두가 자신이 기대한 만큼 인정받거나 그렇지 못함이 이유였다. 얼마 뒤 사표를 쓰는 강사들은 차마 표현하지 못했지만, 자신의 능력과 노력을 알아주지 않는 기관에 대한 원망과 아쉬움이 그만 둘 정도로 크지 않았을까 짐작해 본다.

상담에서 많이 듣게 되는 호소 가운데 하나는 인정받지 못함에서 오는 실망과 상처, 자괴감이다. 다니던 직장을 때려 치고 싶은 절박한 마음에는 자신의 실력과 수고를 인정받지 못한 데서 오는 억울함과 서러움이 바탕이 된다. 그리고 가까운 관계를 끊겠다는 결심에는 거절 또는 무시에서 오는 슬픔과 서운함이 원인이 된다. 한편 커플이나 부부가 다투고 부딪히면서도 관계가 유지되는 이유를 보면 서로에 대한 기본적인 인정 때문이며, 헤어지는 이유는 서로의 존재 가치에 대한 무심함 때문이다. 부모, 자녀 간의 갈등에서도 부모로서, 자녀로서 인정받지 못할 때 느껴지는 섭섭함과 실망이 가장 큰 부분을 차지한다.

최선을 다했지만 알아주지 않는 직장, 마음을 쏟은 사람의 무심함, 애씀과 수고를 당연시 여기는 가족으로부터 서운함을 느끼지 않는 사람은 없다. 이런 서운함과 섭섭함, 씁쓸함은 "고맙다, 수고했다."와 같은 말 한마디로, 때로는 작은 선물이나 보상으로 눈 녹듯이 풀리는 감정이다. 그만큼 우리는 누군가 알아주길 바라는데, 모두가 갖고 있는 인정 욕구 때문이다. 아이들이 부모와 선생님의 칭찬과 인정을 먹고 큰다 하지만, 어른 역시 인정과 알아줌이 힘이 되고 약이 된다. 인정받기 원한다고 해서 유치하고 미성숙하다고 생각하면 오해이다. 심리학자 윌리암 글래서는 심리적 욕구 가운데 소속감과 자신감의 욕구를 들고 있다. 소속감의 욕구는 사랑받고 배려받아야 채워지는 한편, 자신감(힘)의 욕구는 성취와 인정에서 채워진다.

인정이란 자신을 믿고 괜찮은 존재로 확인하는 데 필요한 도구이자 살아가는 데 필요한 활력소이다. 두 가지 유형의 인정을 생각해 보자. 존재에 대한 인정과 능력에 대한 인정이다. 우선 존재에 대한 인정은 상대방이 자신을 부모로, 자녀로, 친구로, 동료로 알아주고 함께하는 것을 의미한다. 자신이 하는 말에 귀 기울이고 자신의 생각이나 생활에 관심을 가지며 걱정해 주는 누군가가 있을 때, 우리는 존재의 확신과 안전감을 느낀다. 한편 자신의 성취와 노력에 칭찬과 보상을 받는 것도 필요하다. 자신의 가치와 능력에 대한 인정은 자신감과 동기, 열정을 불러오기 때문이다.

다른 사람의 인정을 갈구하는 사람들도 있다. 자존감이 낮은 사람은 피드백, 점수, 평가, 칭찬에 민감하여 그것들로 인해 자존감이 쉽게 오르기도 내려가기도 한다. 자신감이 없는 사람들이 지나치게 다른 사람의 인정을 찾고 의미를 부여를 하는 이유는, 내면의 불안을 다른 사람의 인정과 칭찬으로 달래기 때문이다. 완벽주의, 불안과 걱정, 지나친 일과 성공에 대한 욕구 등이 많은 사람이 칭찬과 긍정적인 피드백을 큰 일로 생각하는 이유이다.

문제는 기대한 만큼, 기대한 때에 인정이 따라오지 않는 경우다. 기대에 비해 상대방의 호의적인 반응이 없을 때, 노력한 만큼의 보상이 따라오지 않을 때, 자신의 존재와 능력이 무시당한 것 같을 때이다. 직장에서 인정을 받지 못하면 만족도, 생산성, 사기, 소속감, 자부심이 떨어지고, 가까운 관계에서 서로를 알아주지 않으면 불신과 거리감을 쌓게 된다. 가족에게 받지 못하는 인정은 가족이기에 더해지는 서운함과 상처로 남기도 한다.

기대한 것처럼 인정받지 못해 힘들 때 생각해 보면 좋은 점이 있다. 우선 다른 사람을 칭찬하고 인정하는 데 어려움이 있는 사람들이 있다. 심리학자이자 상담가인 커트 스미스는 누군가를 칭찬하는 것은 자신의 불안전감을 자극하며, 약점의 사인이자 관계에서 힘의 균형을 깬다고 생각하는 점을 지적한다. 부모로부터 칭찬과 격려를 받지 못하고 자란 사람은 칭찬이 어색하기도 하고, 경쟁적인 사람은 칭찬을 자신의 약점이나 열등함을 인정하는 것과 동일시하여 인정에 인색해지기도 한다. 그리고 다른 사람의 좋은 성격이나 능력이 배가 아파 심통을 부리는 경우도 있다. 모든 경우는 아니겠지만, 칭찬과 인정을 못 받는 이유는, 나의 가치 때문이 아니라 이렇게 상대방의 말 못 할 사정에 있다. 개인도 이렇게 말 못 할 이유에서 누군가를 인정하는 게 어려운데,

직장이나 공동체의 경우 내가 알지 못하는 복합적인 이유가 더 많을 것이다.

인정받지 못함으로 마음이 힘든 경우 생각해 볼 점들을 나누어 본다.

▷누구나 인정받고 싶다.

인정받고 싶다고 해서, 받지 못해서 섭섭하다고 유치한 것은 아니다. 인정은 성취와 노력에 대한 자연스럽고 정당한 보상이기 때문이다. 인정받지 못해 속상해하는 자신을 유치하다고 탓하는 대신, 수고했다, 잘했다, 섭섭하겠다는 식으로 스스로 인정해 준다. 적절한 자기 위로는 섭섭함에서 벗어나는 데 도움이 된다.

▷아무도 날 알아주지 않는다는 생각으로 점프하지 않는다.

인정받지 못한 서운함을 곱씹다 보면 과장되고 왜곡된 생각으로 이어진다. 이번 일에서 인정받지 못했다는 것을 '세상에서 아무도 나를 알아주지 않는다'는 식으로 일반화하는 것이다. 이번 일은 이번 일에 지나지 않기에 확대 해석하여 비극적인 결론으로 생각이 점프하는 것을 조심한다.

▷표현이 적은 사람이 있다.

말로 표현하는 데 익숙하지 않은 사람, 쪽지나 선물로 마음을 전하는 것에 서툰 사람처럼 속으로만 고마워하는 사람도 많다. 표현에 약한 사람에게 눈에 띄는 표현을 기대하면서 실망하는 대신, 표현하지 못하는 진심을 생각해 보면서 섭섭한 마음을 내려놓을 수도 있다.

▷칭찬에 대한 생각이 다를 수 있다.

누군가를 인정하거나 칭찬하는 것에 큰 의미를 두는 사람과 그렇지 않은 사람이 있다. 칭찬의 가치를 소중히 여기는 사람은 칭찬을 잘하기도 하고, 본인도 자주 듣고 싶어한다. 반대로, 칭찬을 하거나 칭찬받는 것을 여러 가지 이유로 어려워하고 익숙하지 않은 사람도 있다. 누군가에게 서운하다면 칭찬에 대한 개인적인 경험과 관점이 서로 다를 수 있음을 생각해 본다.

▷서운함도 지혜롭게 다루면 된다.

내가 좋아서 해주었지만 상대방이 고마움을 모르거나 당연시 여기면, 서운해하는 것은 유치하거나 이기적인 것이 아니다. 섭섭함이 반복되면 관계의 신뢰와 친밀함이 삐걱거린다. 상대방에 대한 원망이나 억지로 해 준다는 느낌을 속으

로 누르는 것보다 자신의 서운함을 센스 있게 알려 주는 것
도 한 가지 방법이다. 예를 들어 "이번 일은 밥 한 번 사면
되겠네." 웃으면서 말하는 것이다. 괜히 툴툴거리고 짜증내
는 것보다 솔직하게 말하는 것이 서로에게 도움이 되기도
한다.

심리학에서는 자신에게 필요한 것을 스스로 공급하고 문
제를 해결하는 능력을 자기 충족력으로 설명한다. 다른 사
람에게 의존하지 않고 스스로 필요를 채우는 능력에는 자기
인정, 자기 칭찬도 필요하다. 왜냐하면 내가 기대한 만큼 인
정이나 칭찬을 받지 못하는 경우도 생기기 때문이다. 수고
한 자신에게 '잘했다, 수고했다'와 같은 따뜻한 말을 하고,
맛있는 음식을 대접하고, 사고 싶었던 물건을 구입하는 것
같은 적절한 자기 보상은 건강한 자존감으로 이어진다. 고
생한 자신을 위해 벼르던 물건을 플렉스했다는 친구를 보
며, 나에게 너무 인색하지 말아야겠다고 생각했다. 자신의
수고를 센스 있게 알아주는 것도 스스로를 돌보고 행복하게
하는 능력이다.

거절하기—자기주장은 이기적인 것이 아니다

'No'라고 말하고 싶을 때가 있다. 막상 그런 순간이 오면 No 소리가 나오지 않아 마지못해 한 'Yes'의 결과로 일, 생활, 그리고 관계에도 과부하가 걸린다. 갑작스러운 부탁이나 요구를 거절하지 못하여 피곤하고 허덕이는 자신에게, 요구한 사람과 직장에, 그렇게 굴러가는 삶 자체에 회의와 무력감을 느껴본 적이 있는가? 대수롭지 않게 기분 상하게 말하는 사람과, 그것에 유연하게 대처하지 못해 울적해진 적은? 가족이나 공동체 생활에서 목소리를 내지 않고 따라만 가다가 존재감 제로로 열 받은 적은? 이 질문들에 그렇다고 한 대부분의 사람은 자신보다 다른 사람의 생각이나 요구에 순응하고 잘 맞추는 성향일 것이다. 자신의 양보와 희생으로 생긴 주변 이익과 평화에서 만족감을 느끼고, 자신의 필요와 욕구는 덜 중요한 것이라고 생각하고 산다. No 라고 하지 못하는 사람들의 공통점이 아닐까 싶다. 문제는 그것이 쌓이면 지치고 고단해져 삶의 즐거움을 잃게 된다.

자기주장은 오해를 갖기 쉬운 심리학 개념이다. 자기주장을 잘하면 센 사람, 자기 것만 잘 챙기는 사람, 배려와 양보가 없는 사람, 만만치 않은 사람으로 여겨지기 쉽다. 자신의 생각과 의견을 솔직하고 편하게 말하고, 필요와 권리를 챙기는 자기주장이, 강하고 공격적이며 이기적인 성향과 연상되기 때문이다. 주변에서 자기 것을 잘 챙기고, 자기 의견을 잘 말하는 사람을 보면, 살짝 부담스럽지만 그런 사람이 있어 굴러가는 일도 많기에 묻어 갈 때가 많다. 나의 성향으로 갖기엔 불편하지만, 남이 갖고 있는 성향일 경우 대리 만족이요 부러움일 때가 종종 있다.

일반적으로 의사소통 방식은 수동적 유형과 공격적 유형으로 비교된다. 수동적 유형은 다른 사람의 기대나 요구에 자신의 의견과 권리를 쉽게 내려놓으며 양보하는 스타일이다. 이유는 주변의 이익과 평화를 중요시하고, 갈등이나 다툼으로 자신을 보호하기 위해서이다. 반면, 공격적인 유형은 자신의 생각을 관철하기 위해 다른 사람의 견해나 감정을 고려하지 않는 직진형이다. 상대방의 입장을 묻거나 확인하기보다 통제와 지시로 대화하기 때문에 상대방으로 하여금 원치 않는 결정을 하거나 불편하게 한다. 그런가 하면, 수동-공격이 혼합된 유형은 겉으로는 예스맨이지만 속으로는 화, 원망, 비난 등을 쌓아 두고 뒤에서 열받는 스타일이다. 지나치게 수동적이면 자신의 원함을 말하지 못하고, 지나치게 공격적이면 누군가를 힘들게 하고, 수동-공격적이면 겉으론 아무렇지도 않지만 속으론 화와 짜증을 낸다. 상황과 상대방에 따라 자신이 어떤 스타일로 대응할지는 달라진다. 나의 경우 수동과 공격이 섞이는 때가 많은 것 같다. 쉽게 Yes를 해 놓고 후회하거나 뒤에서 구시렁대는 스타일 말이다.

대부분의 우리는 갈등과 충돌을 피하고 이왕이면 모두의 이익을 원하기 때문에 수동적인 때가 많다. 그러나 지나치게 자신의 바람이나 욕구를 누른 채 다른 사람(조직, 공동체)의 요구에 맞추다 보면 우울과 무기력감이 찾아올 수 있다. 계획한 휴가를 취소하고, 당번이 아닌 야근을 서고, 명분 없이 돈을 써야 하는 일이 반복되면 지치고 짜증나는 것이 일례이다. 간혹 공격적인 사람을 만나면 자존감과 사기에 상처를 입는가 하면, 많은 일에 No를 못해 전전긍긍하는 자신이 싫어질 때도 있다. 수동적인 것이 남한테는 좋을지라도 자신한테는 항상 좋지만은 않다. Yes라고 하고 싶지만 No라고 하고, No라고 하고 싶지만 Yes라고 말하는 소심함으로 속상해질 때도 있다. 건강한 의미의 자기주장에 관한 생각을 나눠 본다.

▷나만 자기주장을 못하는 것이 아니다.

자신의 필요와 권리를 당당하게 표현하고 찾는 것에 익숙한 사람은 많지 않다. 나만 유독 소심하고 눈치 보면서 자기표현을 못하는 것이 아니라는 뜻이다. 자기주장을 못해서 이용당하는 것 같고 고달픈 때가 있지만 자신보다 주변을 생각하는 태도는 귀한 것이다. 어느 조직이나 공동체이든 자기주장을 못하는 사람들의 조용함과 묵묵함, 동의가 있기에 돌아가는 것이라고 생각한다.

▷자기주장은 이기적인 것이 아니다.

심리학자 조킨 셀바는 자기주장은 대화에서 공평함과 동등함을 증진한다고 한다. 자신의 감정, 의견만 중요하다고 강요하는 것이 아니라, 상대방의 입장과 생각을 고려하면서 자신의 입장도 공평함을 전제로 존중하는 것이다. 다른 사람과 자신에 대한 존중 사이의 균형을 찾고 세우는 방식으로 이해해야 한다.

▷자기주장은 힘 겨루기가 아니다.

자기주장을 위해 강하고 센 이미지로 바꿀 필요가 없는 이유는 대화의 방식이지 힘 싸움이 아니기 때문이다. 감당하기 어렵거나 과도한 요구 앞에서 얼떨결에 Yes로 대답하는 것이 아니라, 어떻게 반응하면 좋을지 생각하고 결정하는 것이다. 긍정이든 부정이든 대답하기 전에 상대방과 자신 모두의 의견과 권리를 충분히 고려해 볼 필요가 있다.

▷두려움 극복이 관건이다.

많은 심리학자들은 자기주장을 어렵게 하는 이유로 두려움을 들고 있다. 정신 건강 사이트 사이크센트럴에 게재된 글에서는 자기주장시 상대방을 기분 나쁘게 할 가능성에 대한 두려움은 누구나 갖고 있다고 한다. 상대방이 거절했을 때 맞닥뜨릴 반응이 가장 신경이 쓰인다는 뜻이다. 자신을 솔직하게 표현하는 것이 부끄럽거나 두렵고 자기의식적이 될 수 있는 이유는, 해 보지 않아서 그렇다. 자신의 생각이나 의견을 말함으로써 상대방에게도 다시 생각하고 결정할 수 있는 기회를 줄 수 있다는 것을 기억한다.

▷'생각해 보겠다'는 지혜로운 답이 된다.

무리가 되거나 갑작스러운 부탁, 요구에 바로 답을 주어야 한다는 부담을 갖기 쉽다. 이런 경우 좋은 대답은 '생각해 보겠다'이다. 생각할 시간을 갖겠다는 것은, 모든 가능성을 전제로 하는 현명한 답이다. 어느 정도 생각할 시간을 갖되 너무 지체하지 말고, Yes면 Yes, No면 No로 답을 주면 된다.

▷솔직, 간단, 명확함이 중요하다.

솔직함과 명확함은 많은 자기주장 훈련에서 강조하는 방법이다. 특히 No라고 하기 위한 설명이 변명이나 사정처럼 전해지지 않기 위해서는, 왜 No인지, 간단하고 명확하게 이야기하는 것이 바람직하다. 긴 설명은 오히려 긴 대화, 논의로 이어질 수 있고, 그러다가 자칫 No가 Yes로 바뀔 수도 있다. 그러지 않기 위해서는 어떻게 No라고 말하면 좋을지 연습하고 준비하는 것이 도움이 된다.

▷직접 'No'라고 말하면 힘이 붙는다.

자기주장의 본질적인 의미는 누군가에게 끌려가는 삶, 무력한 상태, 피해자가 되지 않고, 자신의 삶에 대한 파워와 통제감을 갖는 것에 있다. 직장이나 공동체에서 나를 대신해서 No라고 답해줄 수 있는 사람을 찾는 것보다, 자신이 직접 No를 할 때 삶에 힘이 붙는다.

자기주장의 진정한 의미는 자신을 솔직하고 명확하게 표현하는 것이다. 남보다 자신을 우선시하거나 남의 의견을 무시하는 것도 아니며 누군가에게 피해나 상처를 입히는 것도 아니다. 자신이 남을 생각하고 배려하는 만큼, 자신의 필요와 바람도 생각하며 살아갈 때, 원망과 무기력감이 쌓여가는 것을 예방할 수 있다. 직장이나 관계에서 오래 버틸 수도 있고 행복감도 증진할 수 있다. 몇 년 전 직장에서 억울한 일이 있었다. 평소처럼 조용히 넘어갈까 하다가 퇴사까지 결심하고 나니 용기가 났다. 짚고 넘어가고 싶었던 말들을 적은 뒤 친한 친구 앞에서 연습까지 하고, 문제의 사람과 단독으로 만나 조목조목 말하였다. 말할 때는 떨지 않았는데, 말하고 나니 심장이 쾅쾅거렸다. 상상했던 것과 달리 서로 언성을 높이고 얼굴을 붉히고 화를 내는 일은 일어나지 않았다. 내 인생에 남을 자기주장이었다.

피할 수 없다면 받아들이기

최근 '법륜 스님의 즉문즉설'을 즐겨 듣는다. 사람들의 고민도 다채롭고 스님의 답변도 명쾌하다. 못돼 먹은 배우자, 속 썩이는 자식, 시련의 연속인 인생 등 다양한 고민의 공통점은 받아들이기가 어렵다는 것이다. 문제를 해결하려고 안간힘을 써보았지만 소용없다는 호소에 대한 스님의 답변도 한결같다. 문제의 인간, 상황과 싸우지 말라는 것이다. 보통 현실과의 싸움은 만족스럽지 못한 현실을 바꾸고 해결하겠다는 의지요 노력이다. 그러나 인생의 많은 문제가 싸움으로 해결되지 않는다는 것은 살면 살수록 깨닫게 되는 진리다. 싸움 대신 심리학자 마사 리네한이 도입한 '적극적인 수용'으로 자신을 지키고 상황에 지혜롭게 대응해 나가는 태도와 방법을 나누어 본다.

나의 경우 공황 장애가 생긴 원인은 갑작스러운 건강 문제, 가족의 투병, 외롭고 열악한 환경 등이 겹친 현실에 대한 무력감이었다고 생각한다. 빨리 잘 해결하고 싶은 마음에 안간힘을 써가며 매달렸지만 쉽게 나아지지 않았던 상황에 대한 좌절감이 컸다. 열심을 다하면 잘 해결할 수 있으리라는 자신감에 타격도 입었고, 무엇보다 해결되지 않는 상황 앞에서 밀려오는 두려움이 제일 힘들었다. 우리 삶에는 자신의 지혜와 노력으로 개선되는 상황이 있는가 하면, 그렇지 못한 상황도 있다. 이별, 해고, 사고, 질병 등과 같이 예상치 못한 일, 어쩔 수 없는 조건이나 특성은 물론, 이미 일어난 일, 실수는 돌이키거나 바꾸기 어려운 것이다. 쉽게 해결하거나 바꾸기 어려운 것에 맞서다 보면 화, 슬픔, 외로움, 무기력과 함께 달라져야 한다는 생각과 아쉬움으로 괴로워진다.

사회적 불안에 대해 말한 알린 쿤식은 적극적 수용을 자신이 통제할 수 없는 상황을 판단하지 않고 받아들이는 것으로 정의하면서, 감정적인 애착이나 대응을 하지 않는 것과 상황에 대한 판단이나 평가를 보류하는 것을 강조한다. 상황이 불합리하고 이해가 되지 않지만, 그것에 대한 판단과 논리를 접고 있는 그대로 받아들이는 것이다. 무엇보다 감정적으로 맞서지 않으면, 상황에 대한 새로운 관점과 대안을 갖고 지혜롭게 대처할 수 있다고 말한다.

받아들이기 어려웠던 것을 생각해 보자. 취업 실패, 직장의 부당한 처우, 배우자의 실수, 친구의 무책임한 행동, 자녀의 말썽, 안 보이는 미래, 되돌릴 수 없는 실수나 결정 등, 쉽게 용납하기 어려운 것들의 목록은 무궁무진하다. 받아들이지 못하는 이유도 다양하다. '왜 그랬을까?', '이럴 수는 없다', '이해가 안 된다', '절대 용납할 수 없다' 등등. 공통점은 나의 관점에서 부당하고 틀리다는 점이다. 대부분의 우리는 문제를 해결하고 개선하고자 하는 정의감과 책임감을 갖고 있다. 그래서 부당한 일을 바로잡고 실수를 만회하고 상황을 바로잡고자 한다. 심리학자 카린 홀은 수용이 어려운 이유를 두 가지로 설명한다. 마치 받아들이지 않고 버티면 상황이 바뀔 것이라고 믿는 마음과 문제 상황을 받아들이는 것은 포기라고 생각하는 마음이다. 특히 모범적일수록, 문제투성이 현실을 있는 그대로 받아들이는 것은 패배적인 태도라고 믿기 쉽다.

적극적 수용에 따르면, 받아들임의 가장 큰 유익은 받아들이지 못해서 갖게 되는 괴로움을 피하고 새로운 마음과 관점으로 상황을 볼 수 있게 되는 것이다. 즉 받아들이게 되면, '내가, 지금 당장, 이 방법으로' 자기중심적 해법에서 자유로워진다. 또한, '될 대로 되라, 모르겠다'는 식의 자포자기가 아닌, 이제부터 무엇을 할 것인가 새롭게 생각하게 된다는 것이다.

일반적으로 받아들임은 해결 또는 개선의 여지가 보이지 않을 때, 실패로 오랜 시간 괴로울 때, 변화가 어려운 환경에 처해 있을 때 도움이 된다. 적극적 수용의 개념을 토대로 받아들임을 위한 몇 가지 생각을 나누어 보겠다.

▷포기가 아니다.

상황을 받아들인다는 것은, 문제에서 손을 떼겠다는 결심을 하거나 포기하는 게 아니라, 한발 뒤로 물러나 문제 해결을 위해 더 효과적으로 노력하는 것이다. 또한 감정에 휩싸이고 다툼과 갈등을 반복하는 데서 벗어나 적절한 거리감을 두면서 새로운 생각, 지혜로 대처하는 것이다.

▷틀린 것을 맞다고 하는 것이 아니다.

심리학자 카린 홀은 받아들이는 것이 동의하는 것은 아님을 강조한다. 잘못을 맞다고 하거나 봐주는 것이나 부당한 일을 무조건 참는다는 뜻이 아니라는 것이다. 옳고 그름의 잣대로는 끝낼 수 없는 싸움이 많다. 잠시 판단을 보류하고 받아들이면 지나친 개입, 간섭, 관심에서 벗어나 객관성이 생긴다.

▷ 결단이 필요하다.

많은 경우, 눈물과 화, 갈등을 거친 끝에 받아들이는 수밖에 없다는 결론에 도달한다. 처음부터 부당하고 불합리한 것들을 받아들이는 사람은 드물며, 이런저런 시도와 노력이 효과가 없다는 것을 발견할 때에 받아들이게 된다. 받아들이기까지 과도한 에너지와 감정을 소모하지 않는 것이 현명하다.

▷ 책임감을 내려 놓는다.

받아들임에는 자신만이 해결사라는 책임감을 내려놓는 것도 포함된다. 자신이 모든 문제 해결의 책임과 부담을 가지고 있다는 생각에서 벗어나면 문제 해결을 위해 도움이 되어 주는 사람과 자원을 발견할 수도 있다.

▷ 조급함을 내려 놓는다.

공부, 프로젝트, 갈등도 모두 시간이 지나야 결과로 이어지듯, 변화와 해결에는 시간이 걸리기 마련이다. 무엇보다 기다림과 인내가 필요한 것은 사람이다. 즉시 바로잡고 싶은 절실함과 빠른 시간에 해결해야 한다는 조급함을 절제하는 것도 받아들임의 일부분이다.

▷연습이 필요하다.

카린 홀은 적극적 수용은 연습이 필요한 기술로, 일상에서 작은 일부터 받아들이기 시작하는 연습은 더 힘든 일을 받아들이는 준비라고 강조한다. 일상에서 억울하게 들은 말, 재수 나쁜 일, 상대방의 실수, 얼떨결에 입은 피해 등을 지나칠 줄 알게 되면, 나중에 맞닥뜨리는 더 큰 일에서도 받아들임의 내공이 발휘된다. 일상에서 무심함과 둔감을 연습하면, 문제 상황으로부터 적절한 거리를 갖는 데 도움이 된다.

▷아쉬움을 자꾸 내려놓는다.

'이러면 얼마나 좋을까?', '이렇게 되면 안 되는데'와 같은 바람과 걱정은 싸움 모드로 이어지기 쉽다. 특히 배우자나 자녀처럼 가까운 관계에서는 아쉬움과 안타까움이 클 수밖에 없는데, 그럴수록 자신이 할 수 있는 것에 한계를 받아들이고 상대방 또는 상황에 기회를 주어야 한다.

시간을 갖고 거리를 두면 감정이 회복되듯이, 상황을 바라보는 자신의 생각과 관점도 달라지고, 때론 상황 자체가 변화하기도 한다. 가장 중요한 것은 어려운 상황 속에서 자신을 지키는 것이다. 자신을 지키면, 상황을 대하는 여유와 용기가 생긴다. 받아들임은 자신을 지키는 방법이고, 현명하게 문제를 해결하고자 하는 용기 있는 태도이기도 하다.

나에게 필요한 건 유연성

나는 김칫국 먼저 마시는 스타일이다. 시작하기도 전에 다 된 것 같은 기대로 환상적인 결과를 꿈꾸다가 냉정한 결과 앞에 무너지는 스타일. 유학 첫 해 나의 꿈은 얼른 조교 자리를 찾는 것이었는데, 조교직에 따르는 학비 면제와 보수가 절실했고 열심히 하면 된다는 아메리칸드림에 대한 믿음도 컸기 때문이었다. 서투른 영어 실력, 성적 외에 내세울 것 없는 이력서, 전공 관련 경험이 없는 치명적인 약점은 생각지 않고, 오직 잘하겠다는 의지와 성실함만 있으면 기회가 올 것이라고 믿었던 것 같다. 이력서를 넣고는 이미 된 것처럼 장학금에 다달이 들어올 월급을 계산하며 상상의 나래를 펼치던 장면은 지금도 기억이 난다. 기대가 너무 컸고, 그에 반해 현실 파악이 느린 결과는, 의심의 여지없이 몇 번의 낙오였다. 그러나 김칫국 스타일에게도 결국 기회는 찾아온다. 몇 번의 쓴 맛을 보는 동안, 인맥과 요령을 쌓고 익히면서 조교직을 얻었다. 시간도 필요했고 조급함을 내려놓고서 부지런히 기회를 찾고 운도 따랐던 복합적인 결과물이라 생각한다.

계획이나 뜻한 대로 되지 않을 때가 있다. 열심히 준비한 취업에서 낙오하고, 진심으로 만나오던 관계가 깨지고, 열정을 쏟은 일에 만족스러운 결과가 나오지 않는 일들을 만난다. 그런가 하면 예상치 못한 사고나 불미스러운 사건으로 일상에서 자잘하게 겪는 실망스러운 일도 많다. 자동차가 고장 나고, 지갑을 잃어버리고, 심지어 넘어져서 다치는 일 등은 비일비재하다. 우리 인생이 생각대로, 계획한 대로 흘러간다면 얼마나 좋겠냐만 나의 실수로, 불운으로, 때로 누구도 알 수 없는 불분명한 이유로 엇나간다.

김칫국은 기대이고, 바람과 원함이며, 계획과 의지를 포함한다. 기대는 불확실한 삶에서 우리가 갖는 희망이자 동기가 된다. 개인차가 있겠지만, 어떤 일을 앞두고 기대하지 않는 사람은 없다. 기대가 크면 클수록 기쁨도 크고, 반대로 실망도 크다. 문제는 인생의 많은 일들이 우리의 기대와 계획에 짝짜꿍 박자를 맞추어 주지 않는다는 사실이다. 엄청 노력을 했음에도 기대대로 되지 않을 때도 있고, 그다지 기대하지 않았는데 뜻밖의 결과를 얻을 때도 있다. 자동차 여행을 하면서 길을 잃게 되면, 대충 떠난 사람에 비해 여행 계획을 꼼꼼히 세워 철저하게 준비한 사람이 훨씬 큰 좌절감을 경험한다. 기대와 준비가 많을수록, 목표가 분명할수록, 열심히 할수록, 계획대로 되지 않는 데서 오는 실망은 크다. 또한 길을 잃어버린 것처럼, 자신의 삶에 대한 통제력을 상실한 데서 오는 당혹스러움과 무엇을 어떻게 해야 하는가 막연한 혼란을 경험하기도 한다.

한두 번의 실망으로 비관적이 되는 사람이 있는가 하면, 그러한 감정들을 극복하고 새로운 마음과 목표를 다짐하면서 또 다른 기회를 향해 나아가는 사람들도 있다. 대부분 우리는 시행착오를 통해 기대치를 조절하고, 변수 많은 인생에 대한 적응력을 길러 간다. 넘어지고 일어서고를 반복하며 적응력과 유연성을 쌓아 가는 것이, 기대처럼 되지 않는 인생을 살아가는 답이 아닐까 싶다.

생각이나 계획대로 되지 않아 마음이 힘들 때 생각해 보면 좋은 방법을 나누어 본다.

▷빡친(!) 감정을 알아준다.

계획이나 기대대로 되지 않으면 누구나 속상하고 화나며 혼란스럽다. 다른 감정처럼 알아주고 소화하는 것이 중요하다. 실망한 데서 오는 복합적인 감정을 자신의 스타일에 맞게 표출하고 풀어내는 데는 욕하기, 하소연하기, 울기 모두 효과적인 감정 해소 방법이다. 감정이 해소되고 마음이 진정되면, 일어서기 위해 필요한 힘이 올라온다.

▷잠시 딴짓하기

타임아웃은 실망이나 충격에 대처하는 방법으로 많은 심리학자들이 추천하는 방법이다. 조급한 마음으로 신속히 해결하거나, 방법을 찾기 위해 서두르지 않는 것이 중요하다. 충격 상태에서는 현명한 판단이나 결정을 내리기가 어렵기 때문에 적어도 몇 시간이나 하루 이상 타임아웃을 선언하고, 실망한 일에 대해 생각하지 않는 것이다. 대신 딴짓을 하며 마음이 회복할 때를 기다려준다. 딴짓은 개인 취향에 따라 산책하기, 영화 보기, 친구와 시간 보내기, 쇼핑하기 등이 있고, 문제 상황과 상관이 없을수록 효과적이다. 힘든 마음이 회복되면 자연스럽게 새로운 곳으로 향하는 것이 마음의 원리가 아닌가 싶다.

▷생각의 오류에 빠지지 않는다.

실망이나 좌절에 따라오는 잘못된 사고들이 있다. 인지심리학에서 설명하는 몇 가지 사고의 오류를 적용해 보면, 이번 일로 다른 일도 안될 것이라는 단정짓는 생각, 이번 일처럼 최악인 경우는 없다는 생각, 이번 일은 잘되어야만 한다는 생각, 되는 일이 하나도 없다는 극단적 생각 등이다. 이러한 생각들은 뜻한 대로 되지 않은 상황에서 부정적인 생각에만 정체되어 있게 한다.

▷시선을 줌 아웃한다.

어느 정도 마음이 회복되면 되지 않은 사실에만 꽂혀 있던 시선에서 벗어나 전체적인 상황을 보는 것이 중요하다. 자신의 실수나 부족함 탓인지, 경쟁이 너무 심했는지, 운이 안 따라줬는지, 세상의 부조리함 탓인지 명확하게 찾는 것이 쉽지는 않다. 그렇지만, 자신이 이해할 수 있는 범위 내에서 전체적인 맥락을 정리하는 것은 중요하다.

▷성숙해지기 위한 대가이다.

되지 않은 일로 인해 당장 얼마간은 고통스럽지만, 그것으로 인해 자신이 가졌던 기대나 생각을 조정하고, 좀 더 현실적인 계획을 세우게 된다면 값어치 있는 대가 지불이다.

또한 예상치 못한 상황에 유연하게 대처하는 능력을 쌓기 위해 지불한 값이라고 생각하면 도움이 된다.

▷ 그만두라는 신호가 아니다.

누구나 실망과 충격 앞에서는, 이번에 되지 않은 일로 인해 인생 전체가 송두리째 망가지거나 영향을 받을 수 있다는 절박함을 느낀다. 그러나 시간이 조금만 지나면, 앞서 일어난 일의 영향력이 그렇게 극단적이거나 비극적이지 않다는 것을 알게 된다. 이번 시험에 실패했다고, 취업에서 낙오했다고, 일생의 연인과 헤어졌다고 와르르 무너지지 않는 것이 인생이다. 계획대로 되지 않을 때 드는 생각 가운데 하나가 포기다. 그만두라는 신호와 증거로 받아들이기 때문이다. 하지만 이 외에도 다시 도전하는 것, 다른 비슷한 길을 시도하는 것, 아예 다른 길로 가는 것, 여러 가지 대안이 있다.

▷ '잘 되겠지'라는 생각은 강력한 무기!

막연히 '잘 되겠지' 하는 것이 무책임하고 생각 없는 행동이라고 믿는다면 오해이다. '잘 되겠지'라는 생각으로 자신을 다독이고 희망을 주는 것은 자신에게 힘을 불어넣는 행동이다. 너무 심각하고 복잡하게 생각하는 대신, '잘 될 거야' 같은 단순 명쾌한 자기 독백은, 다른 사람에게 듣는 격려만큼 효과가 있다.

코칭 전문가 에이미 찬은 계획대로 되지 않을 경우, 원래 계획에는 없었던 옵션, 플랜 B와 C를 찾아보라고 한다. 다시 유학 시절로 돌아가자면, 석사 마지막 학기 필수 과정으로 두 가지 선택이 있었다. 플랜 A에 해당되는 정식 논문 또는 플랜 B에 해당되는 가벼운 조사 연구 가운데 하나를 고르는 선택이었다. 생각지도 못했던 플랜 B를 선택하며 어려운 논문이 아닌 다른 방법으로 졸업할 수 있다는 사실이 신기했다. 계획한 대로 일이 안되면 길이 막힌 것 같지만, 조금만 시간이 지나면 이전에 몰랐던 플랜 B, 플랜 C가 있다는 것을 발견한다. 생각이나 계획대로 되지 않는 일은 피해 갈 수 없겠지만, 그것을 대신할 수 있는 대안이 있음을 믿고, 너무 당황하고 걱정하지 않았음 좋겠다.

싫은 사람과 함께해야 한다면

4학년 담임 J는 유독 불편했던 사람으로 기억된다. 자신의 우월함, 특별한 방식을 고집하며 협업을 거절하는 모습이 얄밉기 짝이 없었기 때문이다. 인성 교과 수업(카운슬러가 모든 반을 돌며 진행하는 교과목)을 하러 들어갔더니 인성 교과는 자기가 알아서 할 테니 학생들 철자법을 고쳐주라고 했다. 당혹감과 모욕감을 감추고 철자법을 고쳐 주면서 속으로 못돼 먹은 인간이라고 생각했다. 그 이후 J와는 거리를 두고 복도에서 마주치면 불편한 인사를 하는 정도로 지냈다. 동료 교사들은 J에 대해 큰 불만이 없었지만, 상처받은 나는 J와 일하는 것이 불편하게 느껴졌다.

누구나 짜증나는 사람, 짜증나는 상황이 있다. 짜증의 기준이야 개인마다 다르겠지만, 왜 저럴까 싶고 불편하고 얄밉기도 하다. 불평만 하는 사람, 잘난 척, 아는 척하는 사람, 자기 말만 하는 사람, 뒷담화를 일삼는 사람이 있는가 하면, 돈 내는 데 인색하고 잘 가르쳐 주지 않고 큰 소리로 말하는 사람도 있다. 딱히 나에게 피해를 입히는 건 아니지만, 같이 있기 싫고 편치 않다. 또한 하루 종일 붙어 있는 것도 아니고 심각한 문제는 아니지만, 직장이나 공동체 생활에서 자주 부딪히는 건 괴로운 일이다.

왜 짜증나고 싫을까? 더 스토익 잡지의 편집자이자 작자인 척 차라파니는 우리의 판단과 의견 때문이라고 한다. 상식과 예의에 벗어나서, 자기중심적이라서, 눈치가 없어서, 자기 도취적이어서 등 많은 이유가 있다. 문제는 이 모든 이유는 내가 느끼고 판단하는 것이지, 상대방은 자신이 짜증나게 행동한다는 것을 모른다는 것이다. 내가 갖고 있는 상식, 예의, 배려의 기준과 '이래야 된다'는 생각에 어긋날 때 꼴 보기 싫음이 포착된다. 얄미움 앞에서 우리의 뇌는 '피하거나 싸우거나'의 신호를 보내는데, 대부분의 경우 티 나게 싫은 척을 할 수는 없고, 피하거나 멀리하는 모드를 취한다. 어쩌다 피해를 보고 빈정 상하게 되면, 진심 어린 충고를 하거나 따져 볼까 생각이 들지만 그 또한 어려운 일이다. 큰 소리로 말하는 사람에게 작은 소리로 말하면 좋겠다고, 아무렇지도 않게 내 공간에 불쑥불쑥 들어오는 사람에게 조심해 주면 좋겠다고 말하는 것은 쉬운 일이 아니기 때문이다.

얄밉거나 짜증나는 사람과 함께 일하고 지내는 데 도움이 되는 몇 가지 방법을 나누어 보겠다.

▷ 자기가 짜증난다는 것을 모른다.

잘난 척이든 무례함이든 자신의 행동이 얄밉거나 사람들을 짜증나게 한다는 사실을 모르는 경우가 많다. 자신의 말이나 행동이 미치는 영향을 잘 모르는 자기 인식의 부족일수도 있고, 성향이나 습관일 수도 있으며, 우리가 알 수 없는 사연이 있을 수도 있다. 일부러 기분 나쁘게 하려는 의도보다 본인에게는 습관적인 행동이라는 것이다. J에게도 내가 알지 못하는 문제나 상처가 있었을 수 있고, 그것으로 인해 자신을 지키려는 행동이 아니었을까 추측해 본다.

▷ 문제를 확대하지 않는다.

약간 빈정상하고 방해가 되는 행동을 심각한 피해나 상처로 확대 해석하는 것을 조심한다. 상대방으로 인해 일에 크게 타격을 받거나 자존심을 다치는 경우가 아니라면, 누구에게나 일어날 수 있는 일, 어디서든 만날 수 있는 사람으로 여기는 느긋한 태도가 도움이 된다.

▷ 나의 과잉 반응인가 점검해 본다.

척 차라파니는 자신의 기대 수준을 살펴보라고 한다. 짜증나는 느낌은 어떤 행동에 대한 나의 판단으로 생기고, 판단은 '어떻게 행동해야 하는가'에 대한 기준과 기대에서 비롯된다. 자신이 도덕, 인간성, 예의, 상식 등을 중요시 여긴다면, 다른 사람보다 더 짜증이 날 수 있다. 믿을 만한 지인에게 짜증나는 사람에 대한 생각을 물어보고 혹시 자신이 과도하게 높은 잣대로 사람들을 평가하고 있지는 않은가 알아본다.

▷ 나만 그렇게 느끼는 것이 아니다.

짜증나는 행동은 나를 타깃으로 깎아 내리거나 기분 상하게 하려는 것이 아닌 경우가 대부분이다. 굳이 내가 아니고 다른 사람이라 할지라도, 누군가를 짜증나게 하는 사람들이 있다는 것이다. 다들 말을 안 해서 그렇지 얄미운 행동은 누구에게나 느껴진다. 직장에서 믿을 만한 사람과 건강한 의미의 뒷담화를 나누는 것은 스트레스 해소에 도움이 된다. 나만 그렇게 느끼는 것이 아니라는 확인과 안도, 유대감은 웃으면서 상황을 넘기게 하기 때문이다.

▷No리액션과 웃음이 도움이 된다.

짜증나는 사람을 대처하는 방법으로 많이 소개되는 방법이다. 모른 척하기, 딴 생각하기, 자기 독백('또 시작이구나', '못 말리겠다', '잘난 척!') 등으로 기분 나쁜 순간을 넘기는 것이다. No리액션을 위해서는 길고 사적인 만남을 피하고, 마주하는 시간을 짧게 하는 것이 좋으며, 웃음으로 넘기는 것이 무난한 해결책이다. 거리를 두면 짜증나는 사람을 대할 마음의 여유와 관대함이 생기는 한편, 그 사람의 의외의 면이나 좋은 점을 보게 될 수도 있고 호기심과 연민의 감정을 느낄 수도 있다.

▷나의 문제가 되지 않도록 한다.

상담을 하면서 가장 많이 하는 말 가운데 하나는, 상대방의 문제를 자신의 문제로 만들지 말라는 것이다. 예를 들어 누군가가 문을 쾅 닫고 나간 행동은 그 사람의 문제이지, 나의 문제가 아니라고 생각하는 것이다. 상대방의 행동에 대한 예민한 반응과 개인적인 해석은 자신의 기분 나쁨을 배가시키는 요인이 된다. 언짢아지고 비난하는 것이 나의 문제가 되지 않도록 한다.

▷ 참는 이유는 나를 위함이다.

상대방의 짜증나는 행동을 참고 견디면 마치 그 사람을 봐주는 것처럼, 그 행동을 인정해 주는 것처럼 느껴질 수도 있다. 그런데 참는 것, 여유 있게 넘기는 것은 나의 평화를 지키기 위함이다.

직장이건 세상이건 이상한 사람, 마음에 안 드는 사람을 포함한 다양한 사람이 존재한다. 간혹 짜증나는 상황을 만나더라도 지혜롭게 넘기고 영향을 덜 받고 이왕이면 여유롭게 받아 준다면, 짜증나는 사람을 적이 아닌 동지로 만들 수 있다. J는 짧은 재임 후 학교를 떠났다. 일찍 떠난 것을 보니 재임 기간이 그렇게 행복하지는 않았나 싶다. 직장 선배, 인생 선배로서 좀 더 친절하게 대해 주었다면 어땠을까 잠시 오지랖을 부려 본다.

불쾌한 일을 대처하는 방법

운전하면서 욕을 해본 적이 있는지? 거리에서 불쾌한 일을 당해본 적은? 부당한 처우로 분개한 적은? 사회적 불평등과 차별은? 일상에서 적지 않게 벌어지는 일들이다. 자신이 직접 겪기도, 다른 사람이 겪는 것을 보고 듣기도 한다. 모두 '불쾌함과 부당함'이 이유이다. 젊었을 때 나는 종종 싸움 모드로 대응했다. 부당하고 불공평한 처우는 짚고 넘어가는 것이 정의라고 생각했기 때문이다. 불친절한 직원에게 한마디 하고, 새치기에 열 받아 따지고, 난폭 운전자에게 욕을 해 보기도 했다. 하지만 그럴수록 더 열받고 불쾌한 경우가 많았다. 요즘 늙은 나는 체념이 섞인 도망 모드이다. 부당한 일을 덜 만나기도 하지만, 실제 만나더라도 '내가 뭘 어쩌겠는가' 하고 돌아선다. 노화의 좋은 점이다.

불쾌한 일을 당하면 왜 기분이 나빠질까? 우리 뇌 속 편도체는 공포, 불안, 화 등의 감정을 활성하고 조절하는 기능을 하는데, 위협이나 불쾌한 자극을 인지하는 순간 싸움 또는 도망 모드를 취하게 한다. 코칭 전문가 마샤 레이놀즈는 불공평하다고 느끼면 그것을 위협이라고 생각하여 도망 또는 싸움 모드로 가게 된다고 설명한다. 예를 들어, 누군가가 내 발을 밟거나 욕을 하면, 편도체가 즉각 반응하여 싸울까 말까 생각하게 하는 것이다. 이러한 생물학적 반응으로, 부당함을 느끼는 순간 초연하기란 어렵다. 화나고 불쾌하고 억울한 감정에 얼굴이 빨개지고 심장이 뛰어 어쩔 줄 모르게 된다. 유난히 예민해서도 다혈질이어서도 아니고 우리가 그렇게 조건화 되었기 때문이다.

부당한 일을 겪으면 무슨 생각을 하게 되는가? 우선 피해자 마인드로, 잘못도 없이 피해자가 되어 버린 상태는 혼란과 무기력감을 가져온다. 뜬금없이 황당한 일, 심지어 욕먹는 일을 당하면 '도대체 왜 이런 일이?'라는 혼란감에 망연자실하게 된다. 또한 부당함에 대한 정의감과 도덕성이 발동한다. '똑같이 일했는데, 더 많이 애썼는데' 말과 행동이 다르고, 법에 어긋나고, 상식에 맞지 않는다 같은 판단과 논리를 장착한다. 직장에서 겪는 부당한 처우나 일 앞에서 화가 나고 때려 치고 싶은 이유이다. 무엇보다 존중받지 못한 데서 오는 자괴감과 상처가 제일 크다. 나의 진심, 시간과 노력, 인격이 무시되고 부당하게 평가될 때 입게 되는 자존감 하락은 회복하는 데 시간도 많이 걸린다. 그런가 하면 뉴스나 SNS를 통해 접하는 소식을 통해 '세상이 왜 이런가'라는 씁쓸함과 회의, 비애도 가끔씩 경험한다. 순수하고 바른 생각과 열심을 갖고 살수록 더 그렇게 느끼게 된다.

부당하고 불쾌한 일은 왜 일어날까? 코칭 전문가 마샤 레이놀즈는 다양한 배경을 가진 사람들이 똑같은 규칙으로 살지 않기 때문이며, 그러한 규칙은 개인적 편견과 의견에서 비롯되기 때문이라고 설명한다. 우리는 실수나 고집, 이기심에서 자유롭지 못하기 때문에 불공평한 결정, 부당한 처사, 상식 밖의 행동을 하고 그것을 잘 모르고 지날 때도 많다. 부당한 대우를 받는 사람의 입장에서는 억울한 일이지만, 의외로 많은 사람이 내가 기대하는 수준의 상식과 가치대로 살지 않는다. 또한, 세상에는 별난 사람이 많다. "세상에, 별일이!"라고 놀라지만, 별일을 별일이 아닌 듯이 사는 사람도 상당히 있기 때문이다. 나의 관점에서 불쾌한 일을 별일이라고 생각하지 않는 사람에게 시시비비를 가리기는 어렵다. 비슷하지만, 세상에는 힘든 사람도 많다. 내가 알지 못하는 사정과 이유로 고통받는 사람들은 고충을 표출하는 방식이 다양하다. 이유 없이 화나 짜증을 내거나 신경질을 내는 사람에게는 말 못 할 속사정이 있을 확률이 높다.

불쾌함을 느낄 때 생각해 보면 도움이 될 수 있는 점을 나누어 본다.

▷나한테만 일어나는 일이 아니다.

불쾌한 일을 당하면 하필이면 '왜 나한테만!'이라는 억울한 감정이 든다. 그런데 다들 말을 안 해서 혹은 내가 몰라서 그렇지 비슷한 일을 경험한다. 나의 경험상, 불쾌한 경험을 털어놓으면, 그와 유사한 일, 그보다 더한 일이 공개될 확률이 높다. 생각지도 못한 일, 이해하기 어려운 일, 어이가 없는 일들이 일어날 수 있는 것이 세상이고, 그것을 지혜롭게 넘기며 사는 것이 모두가 겪는 성숙의 과정이 아닐까 싶다.

▷재수 나쁜 날이 있다.

불특정 다수가 함께 하는 공간에서 당한 불쾌한 일은, 우연히 그 시간에 거기에 있었기 때문이다. 나를 타깃으로, 의도적으로 한 일이 아니기에 재수 나쁨이 원인이다. 불쾌하지만, 어쩔 수 없는 일은 받아들이는 수밖에 없다. 누군가 나를 오해하고, 함부로 대한 일은 나중에 가족이나 친구에게 실컷 하소연하면 된다.

▷즉각적인 맞대응을 조심한다.

상담에서 가장 많이 하는 조언 가운데 하나는, 즉각적이고 감정적인 대응에는 후회와 죄책감, 민망함 등이 따라올 때가 많다는 점이다. 가까운 관계일수록 바로 맞서기 쉽고 그 결과는 더 열받음과 더 기분 상함인 경우가 대부분이다. 욱하는 마음으로 바로 대응하게 되면, 상대방에게도 이유와 논리가 있기에 화는 더 큰 화, 다툼은 더 심각한 다툼으로 번지기 쉽다. 심호흡 열 번 하기, 숫자 열까지 세기, '침착하자, 화내지 말자' 같은 자기 독백하기 같은 시도를 하면 훨씬 현명한 대응을 할 수 있다.

▷피해자 마인드에 오래 머물지 않기

많은 심리학자들은 부당한 일 앞에서 갖게 되는 피해자 마인드를 경계하라고 한다. 불쾌한 일을 떠올리고 분석하면서 자연스럽게 동반되는 피해자로서의 분노와 억울함은 사로잡히기 쉬운 감정이다. 힘든 마음을 정당하고 자연스러운 감정으로 받아 주되, 오랜 시간 빠지지 않는 것이 현명하다.

▷ 기분을 전환한다.

불쾌한 기분을 없애려면 기분 좋은 일을 하는 것이 도움이 된다. 기분 나쁘니까 건드리지 말라보다 기분 나쁘니 먹고 수다 떨고 영화 보는 것이 빠른 회복에는 효과적이다. 나쁜 인간, 부당한 처사, 너무한 세상 등에 대해 같이 한탄하기, 울기, 화내기는 부정적인 감정을 소화하는 데 출구 역할을 한다. 창피함이나 수치심으로 혼자 삭히는 것보다 누군가와 함께 푸는 것이 더 효과적이다.

▷ 불쾌한 일은 언제든 일어날 수 있다.

불쾌한 사건에 오래 붙잡혀 있는 이유는, 불쾌한 일이 나의 인생에 절대로 일어나서는 안 된다는 생각에서 비롯되기도 한다. 불쾌한 일을 만나지 않게 신경 쓰고 애쓰면서 사는 사람일수록 혼란과 억울함은 클 수밖에 없다. 나에게도 일어날 수 있는 일, 피해갈 수 없는 일, 어쩔 수 없는 일이 있다는 사실을 받아들이고, 맞닥뜨려도 너무 크고 깊게, 침통해 하지 않는 것이 중요하다.

오래전 국제 학교에서 초등학교 고학년생들에게 인성 교육을 했었다. 참고로 미국 교과 과정에는 도덕 과목이 없다. 매주 다른 주제를 가르쳤는데 '행동하기 전에 생각하라', '성급하게 결론을 내리지 말라' 등이 있었다. 아이들과 충동적인 대응의 단점을 토론해 보니 후회라는 답이 많았다. 불쾌한 일일수록 후회하지 않기 위해서는 차분한 대응이 중요한 것 같다. 토론을 잘하던 친구들이 이십 대 중반의 성인이 되었을 텐데, 치열한 세상에서 욱하는 감정을 잘 다스리면서 현명하게 지내고 있길 바란다. 만일 아이들을 다시 가르친다면, 나의 답은 '잊어버려라'가 될 것 같다. 불쾌함을 놓지 못해 시간과 마음을 쓰는 것보다, 얼른 기억에서 지우고 나의 일상으로 복귀하는 것이 현명하기 때문이다. 크게 상관하지 않는 것, 잊어버리는 것도 삶을 사는 데 필요한 기술이다.

괜찮아, 이 길은 내 길이 아닐 뿐

카운슬러로 일했던 학교는 팀 활동이 많았는데, 학생들의 최대 관심은 대표팀 선발이었다. 배구, 농구, 토론, 연주, 댄스 팀에 선발로 뽑히는 것이 성적만큼 중요한 아이들에게 팀 구성에서 탈락되는 일은 엄청난 충격이었다. 좌절감에 눈물을 쏟고 흘린 땀과 열정에 허탈감과 실망으로 어쩔 줄 몰라 했고, 열심히 한 아이들일수록 더 힘들어 했다. 어른에게는 그 까짓것 하는 일이지만, 인생 처음으로 맛보는 탈락은 아이들에게는 큰 아픔일 수밖에 없다.

거절이란 문자 그대로 자신을 원하지 않고 받아주지 않는다는 뜻이다. 거절은 어느 시점부터 시작해 일생 동안 따라다닌다. 어린 시절 놀이터에서 그네 타기에 거절당하는 것부터 진학, 연애, 취업, 승진 등 굵직한 거절을 겪게 된다. 일상에서도 거절은 빈번하다. 놀러가자는 애기에 반응이 없고, 부탁한 일에 답이 없고, 의견 수렴에서 제외되기도 한다. 어떤 이유에서건 자신을 원치 않았다는 것, 무시했다는 것은 고통스럽고 불쾌한 일이다.

거절이 고통스러운 이유에 대해 심리학자이자 강연가인 가이 윈치는 몇 가지로 설명한다. 우선 과학적으로 밝혀낸 바에 의하면, 거절당할 때 자극되는 뇌의 부분이 신체의 고통을 느낄 때 활성화되는 부분과 같다는 사실이다. 다치거나 찔려서 아픈 것과 거절당해서 아픈 것이 동급이라는 뜻이다. 또한 거절로 인해 소속감의 욕구가 무너지게 되면 고통을 느끼게 된다는 점이다. 거절당함으로써 우리 모두에게 있는 소속감, 안전감, 존중감의 욕구에 위협과 상처를 입는 것은 소외감을 가져오고 고통스러울 수밖에 없다는 것이다. 즉 거절이 힘들고 괴로운 것은 특별히 소심하고 약해서가 아니라 우리가 거절에 고통을 느끼도록 만들어졌기 때문이다.

거절에 대해 그 까짓것 하며 대수롭지 않게 넘어가기 어려운 이유를 살펴보자. 가이 윈치에 따르면 거절에 따르는 가장 큰 폐해는 자신에 대한 회의감과 비판으로 스스로에게

상처를 입히는 점을 꼽는다. 많은 경우 어떤 형태의 거절이
건 자신에게 원인과 비난의 화살을 돌리기 쉽기 때문이다.
자신이 부족해서, 실수해서, 괜한 말을 해서 등 자책과 죄
책감, 수치심을 갖게 된다. 또한 거절로 인해 자신의 인격,
노력, 능력 등을 의심하게 된다. '그렇게 매력이 없었나, 무
능해 보였나, 무시해도 괜찮은 사람으로 보였나' 생각하면
서 자존감에 큰 상처를 입게 된다. 또한 취업이나 진로에서
의 거절 경험은 미래의 가능성이나 기회에 대한 두려움을
갖게 해 성취 동기나 열정에 타격을 입히기도 한다.

거절은 미묘하고 주관적으로 느껴지기도 한다. 믿었던 누
군가에게 자신의 생각과 의도가 무시되거나 오해받는 것도
거절로 다가온다. 나의 경우 오래 전 단톡방에서 돌연 탈퇴
를 하여 친구들을 놀라게 한 적이 있다. 단순히 친구들의 공
감과 응원을 기대하고 올린 문제에 대해 친구들이 팩트 중
심의 조언들을 잇달아 제시했기 때문이다. 조언 대신, '할
수 있다, 시도해 봐라'와 같은 격려를 기대했던 나에겐 일종
의 거절로 다가왔던 것 같다. 그런가 하면, 전체 의견을 묻
는 공동체에서 자신의 존재감이 무시되는 느낌도 거절로 각
인될 수 있다. 믿고 가까운 관계일수록 자신의 의견이나 생
각이 존중받지 못하는 느낌은 거절로 다가오기 때문이다.

거절당한 경험에서 일어서는 데 도움이 될 만한 몇 가지 생각을 나누어 본다.

▷추스르는 시간을 충분히 갖는다.

어떤 형태의 거절이건 슬프고 화나고 혼란스럽다. 우리 몸이 앓고 나야 회복되듯이 거절로 인한 아픔도 시간이 필요하다. 너무 오래 괴로움에 머무는 것도 안 좋지만, 서둘러 괴로움을 닫아 버리는 것도 좋지 않다. 거절 뒤에 하는 짧은 일탈이나 방황은 정신 건강에 좋을 때가 많다.

▷자신의 못남만이 원인은 아니다.

심리학자 쉐론 마틴은 명확한 이유를 모르는데도 불구하고 자신을 탓하는 문제를 지적하며 자기비판을 경계하라고 조언한다. 승진이라면 운이 나쁠 수도 있고, 소개팅이라면 맞지 않는 사람과 만났을 수도 있듯이 거절에는 알 수 없는 수많은 이유가 있다는 것이다. 설사 자신의 부족함이 주된 원인이라 하더라도, 거절당한 자신을 위로하고 지켜 주는 것은 회복과 새로운 시작을 위해 필요한 과정이다.

▷이 길은 내 길이 아니다!

거절당한 회사, 거절당한 사람에게 미련을 갖는 것은 자연스러운 일이다. 하지만 다 보여주지 못했다는 아쉬움, 실수만 아니었다면 하는 후회는 짧게 하는 것이 좋다. 복잡한 생각 대신, '내 길이 아니다', '내 짝이 아니다'라고 결론 내리면 앞으로 나가는 것이 쉬워진다.

▷ 트라우마가 되지 않도록 한다.

자신에게 중요하고 예민한 사안에서 겪는 탈락이나 거절은 심각한 외상을 남기기도 한다. 한두 번의 거절 경험으로 인해 미래의 만남, 기회, 가능성을 회피하거나 실패에 대한 두려움을 갖게도 한다. 너무 비극적이고 극단적으로 받아들이는 것, 창피함과 수치심을 혼자만 갖고 끙끙대는 것, 세상에 대한 깊은 원망과 분노에 휩싸이는 것을 경계한다.

▷ 이번 일은 이번 일로만!

탈락 경험은 미래에 대한 두려움을 갖게 한다. 이번 회사에서 떨어졌으니 다른 회사도 안 될 것 같고, 이 사람이 싫다고 했으니 다른 사람도 안 좋아할 것 같은 걱정이 생기게 된다. 쉽지 않지만, 이번 일은 이번 일로만 끊어서 생각하는 습관을 의식적으로 가져야 한다.

▷ 거절은 겪고 지나가는 과정

거절은 부족하고 약한 사람만 겪는 재수 없는 일이나 비극이 아니라, 누구나 수없이 경험하고 지나가는 삶의 부분이다. 오랜 시간을 같이한 가족이나 배우자에게도 거절당하고, 믿었던 지인에게도 거절감을 느낄 때가 있다. 거절에 대한 비극적이고 감상적인 생각은 짧게 하고, 누구나 겪고 지나가는 과정, 성숙의 아픔으로 받아들인다.

나의 딸은 고등학교 시절 거절의 쓴 맛을 많이 보았다. 플루트를 곧잘 불었는데 항상 일인자에 밀리는 이인자로서 오케스트라 대표 주자에서 번번이 탈락하였다. 운동이든 공부든 이인자, 삼인자는 설 곳이 없다며 투덜대던 딸은 십 년이 지난 지금도 크고 작은 거절 속에서 살지만 꿋꿋하다. 딸의 비결은 거절당한 일에 대해 '이 길은 내 길이 아니다'라고 쿨하게 접는 것이라고 한다. 이 길만이 나의 길이라는 생각을 버리면 생각하지 못했던 다른 길이 마음에 들어오기 시작한다. 바닥으로 떨어진 자존감을 회복하고 불쾌한 기분을 떨쳐 내려면, 주저앉으려는 마음을 다잡고 새로운 마음과 각오를 장착하는 것이 중요하다. 간혹 넘어지지만 우리는 오뚝이처럼 뒤뚱거리면서도, 제자리를 찾고 앞으로 나가는 DNA를 가지고 있다는 사실을 기억하자.

4장

자신감이
낮아지는 이유

비교에서 오는 나쁜 영향력을 무시하자

내가 상담 교사로 근무했던 초중고 학교의 학생 성적표는 아주 흥미로웠다. 초등학교의 성적표는 지난 학기에 비해 잘했다, 좀 더 노력하면 좋겠다는 식의 격려 위주로 받아서 기분 나쁜 학생이나 부모가 없고, 다 잘한 것 같은 느낌이 든다. 중학교의 성적표에는 A, B, C 학점이 나오지만 절대 평가이기에 자신만의 점수로 해석한다. 반에서 몇 등인지, 누가 일등인지 알 수 없지만 자신이 A인지 B인지는 알게 된다. 고등학교의 성적표는 상대 평가로, 채점된 학점이 나오고 상위 10프로의 명단도 공개된다. 초등 시절에는 비교라는 개념이 필요 없고, 중학교쯤 가면 객관적인 평가를 이해하고, 고등학교에서는 다른 사람과의 비교를 통해 능력이나 열정을 판단한다. 성인이 된다는 것은 비교의 세계로 들어

가고, 비교의 의미를 이해하면서 그것을 자신의 발전을 위해 활용할 수 있다는 뜻이다.

사회 비교 심리학자 레온 페스팅거에 따르면 우리에게는 남과 비교하려는 욕구가 있는데 다른 사람을 보고 의식하면서 자신이 어느 정도인지 알게 되기 때문이다. 비교를 통해 얻어지는 정보, 동기, 바람 등은 자기 개선과 성장의 도구가 되며, 사회적으로도 중요한 원동력이 된다. 일반적으로 사회적 비교는 자신보다 무엇인가 뛰어난 사람과 비교하는 상향 비교와, 반대로 자신보다 부족한 사람과 비교하는 하향 비교로 나누어진다. 자신보다 뛰어난 사람과의 비교는 동기, 목표, 열정, 희망의 벤치마킹이 되는 한편, 자신보다 부족한 사람과의 비교는 안도, 위로, 확인 효과를 가져온다. 대부분의 우리는 상황에 따라 상향과 하향 비교를 오가며 살아간다.

비교가 갖는 순기능에 비해 역기능이 크다는 사실에 많은 심리학자들이 주목한다. 우선 비교가 초래하는 가장 큰 역기능은 자신에 대한 생각에 해를 입힌다는 점이다. 평소 이만하면 됐다고 여겨지던 자신의 여러 가지 특성들이 초라하게 여겨지고, 부족이나 결핍에만 초점을 두게 되면 불만족이 따라온다. 또한 비교로 인해 생기는 부러움은 자신의 조건이나 환경에 대한 부정적인 시각으로 이어져 원망, 자책감, 창피함, 열등감 등 정신 건강에도 영향을 미친다. 더 중요한 것은 비교가 오히려 동기 증진이나 목표 달성에 방해물이 되기도 한다는 점이다. 다른 사람들의 탁월함이 기준이 되어 자신만의 능력이나 장점에 삐딱한 시선을 갖게 되고, 관심과 에너지를 쏟는 일이 작아 보이기 때문이다.

다른 사람과의 비교가 삶에 얼마나 해가 되는가를 이야기할 때 많이 인용되는 말 가운데, '비교는 즐거움의 도둑이다'(티오도르 루즈벨트)'와 '비교는 불행으로 가는 가장 빠른 길'(잭 캔필드)이 있다. 자신을 남과 비교하게 되면, 그만큼 인생의 즐거움을 잃어버리게 되고 쉽게 불행감을 느끼게 된다는 뜻이다. 보통 때 별생각 없던 자신의 조건이나 능력도 친구나 동료의 훌륭한 면모와 비교할 경우, 상대적으로 열등하고 부족하게 보인다.

우리가 별생각 없이 하는 비교에는 몇 가지 모순이 있다. 베스트셀러 작가 조수아 벡커는 자신이 가진 최악의 것과 자신이 생각하기에 남이 가진 최고의 것을 비교하는 것은 불공평하다고 이야기한다. 다른 사람의 A 학점(있을 수도 있는 B나 C에도 불구하고)을 나의 F 학점(B 또는 C가 있음에도 불구하고)과 비교하는 것을 의미한다. 그런가 하면, 사회학자 데보라 카는 성공이나 화려함 뒤에 감추어진 실수나 실패를 모른 채 드러난 이미지나 결과만 놓고 비교하는 것은 모순이라는 점을 지적한다. 큰돈을 벌기까지 얽힌 수많은 사업 실패의 과정, 베스트셀러를 내기까지 히트 치지 못한 책들, 금메달을 따기까지 실패한 경험들은 생략한 채, 제일 좋은 결과만을 가지고 비교하는 것은 공평한 비교가 아니라 말한다. 또한 타당한 비교가 되기 위해서는 비교 대상이 동일한 특성을 가져야 하는데, 많은 경우 타고난 재능, 주어진 기회와 환경 등에 있어서 차이를 가진다는 것이다.

비교는 가능하면 하지 않는 것이 좋지만, 비교를 하더라도 그 영향을 최소화하거나 오히려 자기 발전을 위한 자료로 활용하는 것이 중요하다. 몇 가지 도움이 될 만한 점을 나누어 본다.

▷비교의 본질을 이해하기

비교의 본질상 아예 안 하거나 피하기는 어렵다. 우선 다른 사람과 비교해서 자신이 어느 정도인지 알고 싶은 마음은 관심이나 목표가 비슷한 대상을 만나면 자연스럽게 생기기 때문이다. 하지만 대부분의 경우, 비교는 씁쓸함과 위축 같은 부정적인 결과로 이어진다는 점도 이해해야 한다. 비교해서 자존심이 상하고 자격지심이 생기고 허무한 기분이 든다면, 지혜롭게 그러한 경험을 줄여 나갈 필요가 있다. 이처럼 비교의 특성을 알고 있는 것은 비교에 대해 좀 더 신중하고 성숙한 태도를 갖게 한다.

▷좋은 영향력과 나쁜 영향력을 분별하기

운과 성공, 타고난 재능, 외모, 성격, 환경 등 비교에도 개인마다 유난히 취약한 부분이 있다. 자신이 어떤 비교에 취약하고 부정적인 영향을 받는지 알고 있으면, 비교를 하더라도 비교를 통해 얻는 정보나 영향력을 자신에게 유리한 방향으로 조절할 수 있다. 예를 들어, 영감과 희망을 주고 동기를 유발하는 영향력은 자신을 위한 자료로 활용할 수 있다. 반대로 사기와 자존감을 낮추는 영향력은 빨리 지나쳐 버리는 것이 중요하다.

▷비교는 주관적이고 사적이다.

비교는 상대적이라 공부 못하는 사람이 공부에, 키가 작은 사람이 키에, 운동 못하는 사람이 운동에 가치나 우선순위를 두지 않는다면 비교하는 의미가 없어진다. 비교의 뿌리는 자기 내면의 취약함이고, 아주 주관적이고 사적인 부분이다. 자신의 취약한 부분, 부족감과 열등감을 알고 있으면 비교가 주는 타격은 훨씬 줄어든다.

▷그들은 그들의 길, 나는 나의 길!

비교는 누군가의 잘남, 성공, 행운에 시선이 꽂히는 것으로, 그 시선에 오래 머물수록 자괴감과 부러움은 오래간다. 얼른 다른 사람을 향했던 시선을 내가 가진 것, 열심히 하고 있는 것, 계획한 것으로 돌린다. 다른 사람의 길이 아닌, 나는 나의 길을 가는 태도가 필요하다.

▷비교하지 않겠다는 결심이 중요하다.

우연히 듣게 되는 소식, 지인들의 SNS, 뉴스 내용 등은 우리에게 끊임없이 비교거리를 제공한다. 그때마다 흔들린다면 자신이 쏟는 노력과 일상의 즐거움이 타격을 받을 것이다. 그리고 비교에 약해진 자신의 모습 또한 우울감의 원인이 될 수 있다. 그렇기 때문에 가능하면 비교를 하지 말고 살아가겠다는 결심이 도움이 된다.

▷나의 페이스가 있다.

비교를 통해 쉽게 흔들리는 것 중 하나는 자신이 가고 있는 길과 속도에 대한 것이다. 다른 사람의 성공 스토리에 담긴 열정, 노력과 패기는, '그동안 무엇하고 살았나, 너무 게을렀다, 맞지 않는 길을 가는 것 같다'와 같은 자기비판으로 이어지기 쉽다. 설사 좀 느리게 가도, 다른 방향으로 잠깐 벗어나도, 이랬다저랬다 변덕을 부려도, 중요한 것은 자신의 길을 향해 가고 있다는 믿음과 희망을 잃지 않는 것이다.

▷남을 칭찬하는 것은 나에게도 힘이 된다.

초등학교 교실에서 학생의 발언이나 과제에 대해 칭찬해줄 때 가장 많이 하는 표현은 '굿 잡(Good Job)'이다. 다른 사람의 생각이나 활동을 인정하고 칭찬하면, 듣는 사람과 하는 사람 모두 기분이 좋아진다. 다른 사람의 성취나 성공을 '잘했네', '브라보' 같은 말로 칭찬하고 축하하면, 비교에서 오는 시기심이나 씁쓸한 감정보다는 왠지 나도 그렇게 될 것 같은 희망이 생긴다.

심리학자 알프레드 아들러는 열등감이란 누구나 기본적으로는 무력하다는 깨달음 속에 스스로를 우월하게 만들고자 하는 긍정적인 욕구라고 설명한다. 비교가 꼭 남보다, 남못지않게 잘해야만 된다는 의미가 아니라, 자신을 좀 더 성장시키고자 하는 우리 내면의 좋은 힘이라는 뜻이다. 비교로 인해 기분이 상하는 것은 그만큼 자신 안에 강한 발전과 성장 욕구가 있다는 것이다. 그것을 알아주고, 발전시키면서 나의 길을 열심히 걸어가는 것이야말로 자기 역량을 넓히는 길이다.

실망을 이겨 내기 위한 역량 기르기

이십 년 전 일이지만 아직도 생생한 기억으로 남아 있는 일이 있다. 채용 공고에 지원한 학교에서 탈락했다는 소식을, 운전하던 차 안에서 듣고 엉엉 울다가 신호대기 중이던 앞차를 박았다. 자신의 차에서 내려 다가온 앞차 운전자는, 눈물과 콧물이 범벅이 된 채 창문을 여는 나를 보고 안된 건지 기가 막힌 건지 안전 운행하길 바란다는 말을 남기고 가버렸다. 지금도 떠올려 보면 그 운전자가 고맙고, 대성통곡하며 운전하던 것이 창피하다. 당연히 합격하리라는 기대가 무너지고 큰 실망감으로 인해 앞차를 들이박은 후에도 상당한 원망과 자기 연민으로 힘들었다.

일반적으로 실망은 기대와 밀접한 관계가 있다. 바라던

대로, 계획대로, 예상대로 되지 않았을 때 느끼는 감정으로, 실망에는 슬픔, 박탈감, 상실감, 불행감 등 많은 감정이 담겨 있다. 삶에서 마주하는 작고 큰 실망으로 인해, 대부분 우리는 실망하면서 그리고 극복하면서 실망과 같이 살아가는 방법을 터득한다. 문제는 실망에 깊이 사로잡혀 헤어나지 못하는 데서 오는 불행감은 마음의 깊은 상처와 병으로 이어진다는 점이다.

정신 분석가이자 리더십 코치인 맨프레드 케츠 드 브리는 실망에 대처하는 잘못된 방법들에 대해 설명한다. 우선, '왜? 어떻게 이런 일이?' 같이 골똘히 생각을 거듭하는 것이다. 실망한 상황에 대한 정확한 파악은 확대 해석이나 오해를 예방하는 데 도움이 되지만, 오랜 시간을 두고 실망한 일이나 사람에 대한 좋지 않은 스토리를 써가며 분석에 몰입하는 것은 소모적인 방법이다. 두 번째는 실망의 원인을 노력이 부족하거나 운이 나쁘다는 이유를 들며, 온전히 자신의 탓으로만 돌리는 것이다. 자신의 잘못으로만 생각하고 자기 비하에 빠지며 분노를 자신에게 향하도록 하는 것은 실망의 늪에 빠지는 위험을 가져올 수 있다. 이십 년 전 탈락했던 학교는 무슨 사정인지 아무도 채용하지 않았는데, 나의 탓만이 아니었다는 사실이 큰 위로가 되었다. 실패와 관련된 사실을 확인해 보는 일은, 불필요한 열등감이나 패배감을 예방할 수 있다. 한편 실망에서 비롯되는 슬픔과 분노를 무조건 차단하는 것도 좋은 방법이 아니다. 실망이란 감정을 피하고 누르기보다 그 감정 안에 있다 보면, 복합적인 감정이 담겨 있음을 발견한다. 떠난 애인에 대한 실망에는 슬픔, 그리움, 아쉬움 등 여러 감정이 담겨 있고, 놓친 기회에 대한 실망에는 자책, 창피함, 원망, 막연함 등이 담겨 있다. 실망과 관련해 속상하고 화나는 감정만 있는 것이 아니고 여러 가지 아쉬움과 바람 등이 있다는 사실을 깨닫는 것은 실망에서 일어서는 데 도움이 된다.

우리는 누군가에게 실망을 하기도, 주기도 한다. 누군가에게 실망을 안기는 것도 가슴 아프지만, 무엇 때문에 실망하는 것이 더 아프다. 실망을 주었다는 미안함과 죄책감에 비해, 실망한 데서 비롯한 여러 가지 감정은 더 깊게 각인되고 지속되기 때문이다. 실망을 덜하면 좋겠고, 만약 실망을 했다면 얼른 털고 일어나는 것이 좋지만 쉽지는 않다. 몇 가지 도움이 되는 방법을 제시해 본다.

▷ '실망 시간'을 갖는다.

다른 감정과 마찬가지로 실망도 충분히 소화할 시간을 갖는 것이 중요하다. 너무 길어져도 문제지만, 상처받은 자신을 보듬고 달래는 데는 실망할 시간이 필요하다. 대놓고 '실망 중!'이라고 하는 것은 실망하지 않은 척, 대수롭지 않은 척, 대범한 척하는 것보다 징신 건강에 좋다. 한편 실망감을 오래 갖고 있으면 우울이나 불안과 같은 문제로 이어질 수 있다. 특별히 인생에서 커다란 실망을 처음 느끼거나 실망의 정도가 클수록 충격과 영향력은 심각해질 수 있다. 실망에서 비롯되는 감정과 생각을 가까운 사람들과 나누고 위로와 조언을 받으면서, 혼자 깊은 실망에 빠지는 위험을 조심한다.

▷ 기대 수준을 점검하고 조정한다.

많은 심리학자들이 실망을 극복하는 방법에서 제일 강조하는 것은 기대를 검토하고 조정하는 것이다. 특히 정신 분석가이자 리더십 코치인 맨프레드 케츠 드 브리는 반복적으로 실망하는 일이 일어나면, 실망한 일과 관련된 자신의 기대, 생각, 행동의 패턴을 재평가해 보는 것이 중요하다고 강조한다. 실망한 경험은 자신의 기대가 너무 높았는지 생각해 보고, 다음을 위해 기대치를 조절하는 기회가 된다.

▷**사실을 직시한다.**

사실을 직시하면 불필요한 실망을 예방한다. 1000:1의 확률에서 뽑히긴 어렵다는 사실, 경쟁자들도 나만큼 노력했으리라는 사실, 성공에는 운도 따라야 한다는 사실, 내 실력이 부족했을 수 있다는 사실 등을 깨닫는 것은 과도한 실망에 빠지는 것을 예방할 수 있다.

▷**실망한 자신을 감싸 안는다.**

이미 상처받은 자신을 '그러지 않았더라면, 좀 더 했더라면'과 같은 후회와 자책으로 더 힘들게 하는 경우가 있다. 어머니가 다친 아이를 감싸 안듯이, 실망한 자신을 따뜻하게 위로해 주는 것은, 다른 사람에게 받는 위로보다 강력한 효과가 있다. 실망한 자신에게 시간과 마음을 쓰는 것은, 문제 해결이나 새로운 계획을 세우는 것만큼 중요한 과정이다.

▷**혼자 속으로만 삭히지 않는다.**

사람에 따라 털어 놓아서 편한 사람, 그렇지 않은 사람이 있겠으나 대부분의 경우는 실망한 경험을 믿을 만한 누군가에게 털어놓는 것이 도움이 된다. 털어내는 과정에서 자신의 생각을 좀 더 객관적으로 정리하는 유익함이 있다. 더불어 감정을 해소하고 격려와 응원을 받는다. 반면에 혼자 생각에 빠지면 패배감, 자괴감, 피해 의식 등 부정적인 감정에 휩싸이기 쉽다. 취향에 따라 여행이나 취미 활동을 하거나 자연과 반려동물에 위로받는 것도 좋은 방법이다.

▷실망이 발목을 잡지 않도록 한다.

한번 크게 실망한 사람이 그 실망감에 오래 사로잡히면, 기다리고 있는 다음 기회, 다음 사람을 놓치게 된다. 승진 실패에 대한 실망이 다음 승진 기회의 발목을 잡고, 떠나간 연인이 다가올 새 연인의 걸림돌이 되고, 불합격이 다음 합격의 방해꾼이 될 수 있다는 말이다. 그러지 않기 위해서는 '실망 그만!'을 외치며 털고 일어서야 한다. 한번 실패하면 영원한 실패 같고, 한번 실수가 큰 비극으로 이어질 것 같지만, 사실상 실망도 지나가는 감정이요 인생 경험이다. 시간이 지나면서 실망감도 희석되고, 새로운 기회와 기분 좋은 일로 웃는 것이 인생이다.

최근 무엇 때문에 실망한 적이 있는가? 좋지 않은 결과, 누군가 뱉은 퉁명스러운 말, 진심을 몰라주는 상황 등 실망은 피해갈 수 없지만 결국 지나가는 삶의 과정이다. 실망의 충격에서 덜 흔들리고 넘어지지 않으려면 너무 크고 비극적으로 받아들이지 않고, 긍정적인 생각으로 마음을 다잡는 능력을 키워야 한다. 모든 실망이 아프지만, 실망을 대하는 나의 역량이 커지면 아픔에서 끝나지 않고 좀 더 지혜롭고 의연한 모습으로 성장할 수 있다.

후회 모드에서 성장 모드로

최근에 후회한 적이 있다면 어떤 일이었는가? 문을 꽝 닫은 일, 괜한 말 했다 싶은 일, 시험을 망친 일, 내키지 않는 약속을 잡은 일 등 다양하지 않을까 싶다. 나의 경우 당근마켓에서 가방을 구매한 일을 후회했다. 중고 가방을 사 놓고 괜히 샀나, 편하게 들지 못하는 건 아닌가, 심지어 중고는 아닌 것 같다는 생각까지 들었다. 결국 후회라는 불편한 감정을 다루기 위해 정당화하기 시작했다. '중고치고는 쓸만하다, 편하게 들고 다니는 데는 좋을 것이다, 수선을 맡기면 새것처럼 보일지 모른다' 등등. 후회하느라, 후회를 회복하느라 며칠을 보낸 셈이다. 우리가 살아가는 일상에서, 작고 큰 선택과 결정, 충동적인 말과 행동에 대한 후회가 차지하는 비중은 적지 않다. 후회라는 행동은 꽤 많은 시간과 에너지가 든다. 중고 가방으로 며칠을 편치 않게 지냈는데, 학교, 전공, 직업, 결혼, 이사 같은 중요한 결정에서 후회가 남기는 흔적은 클 수밖에 없다.

임상 심리 치료사 제임스 토빈은 연구 결과, 후회는 한 것과 하지 않은 것으로 구성된다고 설명한다. 자신이 한 것에 대한 '그렇게 하지 않았더라면'과 자신이 하지 않은 것에 대한 '그렇게 했었더라면'이 있다. '그렇게 하지 않았더라면'에 드는 감정으로는 충동적인 자신의 실수, 잘못에 대한 창피함과 절망감이 있다. 한편 '그렇게 했었더라면' 같은 후회는 하지 못한 말과 행동, 지나 버린 기회와 해 보지 못한 선택에 대한 아쉬움과 슬픔을 동반한다. 개인에 따라 '그렇게 하지 않았더라면'에 대한 후회와 '그렇게 했었더라면'에 대한 후회의 유형과 정도는 다르겠지만, 인생의 어느 시기를 막론하고 후회에서 자유로울 수는 없다.

후회가 있기에 같은 실수를 반복하지 않고 기회를 놓치지 않으며 부족함을 개선한다. 반면 후회가 길어지고 아쉬움을 오래 붙잡게 되면 우울과 불안을 초래하기도 한다. 대부분의 후회는 잘못 선택하고 판단한 자신을 탓한다. 중고 가방 사건으로 '내가 왜 그랬을까?' 하면서 머리를 쥐어박지는 않았지만 나의 판단력과 한심함을 두고두고 탓했다. 반면 자신을 그렇게 만든 사람과 상황을 탓하기도 한다. 나도 구매를 부추긴 남편과 딸에게 왜 말리지 않았냐고 원망 섞인 짜증과 신경질을 냈다.

보통 실망한 감정을 다루는 와중에 후회가 따라온다. 실망의 원인을 자신에게 돌리면서 성급하게 행동하거나 착각한 일, 최선을 다하지 않은 일 등을 후회한다. 반대로 지나치게 높은 기준으로 한 치의 실수나 오점 없이 성취하려는 완벽주의 성향도 후회를 자주 경험한다. 완벽하지 않은 것에 대한 불만족을 '더 잘했어야 하는데, 그렇게 했어야 하는데, 하지 말았어야 하는데'와 같은 후회로 풀어내기 때문이다.

가능하다면 후회를 덜하는 것이 좋고, 후회가 되는 일이 있더라도 그것에 오랜 시간 얽매이지 않아야 한다. 좀 더 넓은 시각을 갖고 후회가 주는 교훈을 삶에 반영하면서 사는 것이 현명하다. 후회로 힘들 때, 생각해 보면 좋은 점을 몇 가지 나누어 본다.

▷ 후회에서 완전히 자유로울 수는 없다.

잘못 구입한 물건, 욱해서 지른 소리, 최선을 다하지 않은 일 등에 대해 후회해 보지 않은 사람은 드물다. 나만 그런 것이 아니고, 나보다 더 심한 경우도 많다는 사실을 기억하면 위로가 된다. 또한 심한 자책감과 죄책감에 빠지는 걸 예방하며, 후회에 대해 훨씬 여유로운 시각을 가질 수 있다. 준비를 잘하거나 신중을 기해도 여러 가지 이유와 사정으로 후회하는 일이 일어날 수 있다는 사실을 기억한다.

▷ 머리를 쥐어뜯는 시간은 굵고 짧게 한다.

'내가 미쳤지, 왜 그랬을까, 정신이 나갔었네'와 같은 생각으로 자신을 탓하는 자책은 대표적인 후회 반응이다. 자신의 실수와 부족함을 탓하는 시간은, 후회하는 일에서 깨닫고 배우고 성장하기 위해 필요한 과정이다. 쥐어뜯는 시간을 확실하게 하되, 오래 끌고 가지 않는 것이 중요하다. 후회가 길어지면 자기 연민에 사로잡혀 괴로운 시간을 보내기 때문이다. 머리 좀 쥐어뜯고 '후회 끝!'을 선언할 때, 새롭게 시작할 수 있다.

▷ 더 나쁜 반대의 경우를 생각해 본다.

사회 과학 분야의 작가 브루스 그리어슨은 많은 사람들이 후회할 일이 없었다면 좋았을 거라 생각하지만, 사실은 더 나빴을 수도 있는 가능성을 생각하지 못하는 점을 지적한다. '그만하길 다행이고, 더 최악이 아니라 다행이다, 더 중요한 것을 잃지 않았다'고 생각해야 한다는 것이다. 그러한 생각에서 오는 안도감과 감사는 후회를 상쇄한다.

▷나 혼자만의 착각일 수도 있다.

대인 관계에서 한 말이나 행동에 대한 후회할 때, 의외로 상대방은 나의 실수나 잘못을 대수롭지 않게 여기는 경우도 많다. 사실이 아닐지도 모르는 상황을 자책하고 괴로워하기 전에 확인해 보는 용기가 필요하다. 확인해 보면 막상 상대방은 내가 생각한 만큼 기분 나쁘거나 상처받지 않은 경우도 종종 있다. 혼자 끙끙대며 고통스러운 시간을 보내기보다 확인하고, 피해와 상처를 주었다면 쿨하게 사과하고 후회에서 자유로워진다.

▷후회 모드에서 성장 모드로!

많은 심리학자들은 후회에서 배우고 성장할 수 있는 교육적인 기능을 강조한다. 후회가 후회로만 남는다면 허탈하고 창피한 기억이 된다. 후회가 새로운 결단이나 깨달음으로 변하는 것이 중요하다. 깜빡하는 실수로 인해 놓친 것이 있다면 다음 기회는 놓치지 않도록 주의를 기울인다. 성급한 결정으로 인한 피해가 있다면 신중하기 위해 노력하고,

홧김에 뱉은 말이 있다면 상대방에게 사과하며 용서를 구한다. 자신의 탓만 하지 말고 당시에 처해 있던 상황과 환경을 냉철하게 살펴보면, 자신만의 실수나 잘못이 아닌 경우도 있다. 부족했던 자신을 받아 주고 보듬는 과정을 통해 후회 모드에서 성장 모드로 나갈 수 있다.

▷ '후회 끝!'을 선언한다.

다른 감정에 비해 유독 후회는 너무나 아쉽고 절실하기에 '그렇지 않았더라면' 하는 생각을 곱씹게 한다. '그때 그 말이라도 했더라면' 하면서 복수하는 장면을 상상하고, '한 번 더 생각해 볼 걸' 하면서 구입한 물건에 단점만 찾아내는 등 반대 결과에 집착하게 된다. 후회가 집착으로 이어져 마음과 에너지를 낭비하지 않으려면, '후회 끝!' 하고 결단해야 한다.

결국 중고 가방은 몇 번 안 들고 중고 거래로 정리했다. 손해는 보았지만 중고 거래에 대한 교훈도 얻고, 무엇보다 더 이상 후회할 필요가 없어져 후련하다. 가방처럼 정리하면 되는 것도 있지만 돌이킬 수 없는 것도 있다. 아쉬움과 미련이 남지만 그 또한 나의 선택으로 받아들이고 조금씩 더 나은 선택을 하면 된다. '후회를 후회하지 말라'의 강연자 캐슬린 슐츠는 후회하지 않고 사는 것이 중요한 게 아니라, 후회를 해도 자신을 미워하지 않고 나아질 수 있다는 믿음을 갖고 사는 것이 중요하다고 말한다. 좀 더 신중하고 현명해질 수는 있지만, 후회를 다시는 하지 않는 것은 불가능하기에, 후회를 줄이면서 살아가겠다 정도가 맞지 않을까 싶다. 중고 가방 사건 이후, 나는 주변 중고 거래에 생생한 체험을 토대로 조언해 주는 사람이 되었다. 내가 겪은 쓰라린 후회는 다른 사람이 후회하지 않도록 돕는 도구가 되기도 한다.

걱정을 줄여 나가는 삶

공황 장애를 앓으며 가장 크게 깨달은 것은 걱정에 빠질수록 걱정을 실제처럼 여긴다는 점이다. 공황 장애가 처음 시작된 인도에서 가장 큰 괴로움은 비행기 소리를 듣는 것이었다. 비행기 소리만 들으면 더 이상 비행기를 탈 수 없다는 생각에 영원히 인도 땅에 묻히게 될 것이라는 슬픔과 공포가 밀려왔다. 지금 생각해 보면 말도 안 되는 생각이지만, 당시에 나는 절박한 현실이자 암담한 미래로 여겼다. 이후 기관지염을 오래 앓으면서도 온갖 걱정에 사로잡혔다. '기관지 염증이 혹시 식도의 암은 아닐까, 폐의 심각한 문제는 아닐까, 의사들이 발견하지 못하는 것은 아닐까' 같은 걱정의 소용돌이에 휩싸였다. 그러다 보니 실제로 몸 상태도 나빠져 호전의 기미가 보이지 않았다. 귀국해 종합 병원에서 치료받던 날, 큰 문제가 아니라는 말 한마디에 몸이 씻은 듯 나았다면 다들 꾀병이라 하겠지만 나는 정말로 아팠었다.

진학, 취업, 건강, 돈 같은 굵직한 걱정부터 발표, 병원 진료, 집안 대소사 같은 자잘한 걱정거리까지 합치면 우리 일상은 걱정의 연속이다. 나는 걱정할 것은 많지만 덜 걱정하며 살려고 한다. 걱정하는 것이 별 도움도 안 되고 괴롭기만 하기 때문이다. 반면 걱정을 많이 하고 수시로 걱정에 휩싸여 힘들어하는 사람도 있다. 지나친 걱정과 염려는 일상의 활력과 즐거움을 앗아가고 심하면 불안, 짜증, 긴장, 피곤으로 이어지기도 한다.

걱정이 항상 나쁜 것만은 아니다. 불확실한 미래나 결과를 예상하고 준비하며, 성급한 결정이나 충동적인 행동을 피하고, 좋지 않은 가능성을 예방할 수 있다. 비가 올까 봐 우산을 챙기고, 차가 막힐까 봐 일찍 출발하고, 프로젝트를 성사하지 못할 가능성에 대비해 대안을 준비하는 등. 실망을 예상해서 마음을 다지는 행동은 걱정이 주는 순기능이다. 문제는 과도하게, 계속해서, 오래 하는 걱정이다. 장기간 부정적인 생각에 깊이 빠지게 하는 걱정은 불안과 우울, 공황으로 이어질 수 있다. 또한 부정적인 생각을 곱씹는 탓

에 더 깊은 수렁에 빠지게 한다. 걱정을 계속하면 걱정이 줄
어야 하는데, 걱정 이전보다 걱정이 더 많아지는 것, 걱정
의 모순이다.

걱정을 계속하는 이유는 무엇일까? 인지 행동 치료 강사
이자 심리학자인 세쓰 길한의 설명에 따르면 우리는 여러
가지 이유로 걱정을 한다. 걱정을 하면 나중에 덜 실망한다
는 생각, 걱정하면 나쁜 가능성이 줄어든다는 미신적 생각,
걱정을 안 하면 오히려 아무것도 안 하고 있다는 생각, 걱
정이 해결책을 찾는 과정이라는 생각 등에 걱정이 줄지 않
는다. 하지만 반복적이고 비생산적인 걱정과 건설적인 문제
해결을 구분할 줄 알아야 한다는 것이다.

많은 심리학자들은 걱정을 '불확실성에 대해 참지 못하
는 성향'에 연관하여 설명한다. 심리학자 그라함 데이비의
설명에 따르면, 알레르기 반응처럼 걱정이 많은 사람은 작
은 불확실성에도 예민하게 반응해 수많은 걱정을 하고 스트
레스와 불안을 느낀다고 한다. 더 나아가 불확실성에서 오
는 걱정과 불안을 줄이느라 여러 가지 강박적인 행동을 하
게 되면서 피곤, 짜증, 긴장이 많은 일상을 살게 된다. 예를
들면 보낸 이메일이나 문자에 실수가 있지 않을까 거듭 확

인하고, 결정을 내리지 못해 스트레스 받고, 걱정이 생기면 초조하고 불안해서 효율적으로 일하지 못한다.

우리가 일생 동안 힐 걱정의 양은 누구에게나 동일하다고 생각한다. 걱정이 얼마나 '많고 적은가' 하는 문제가 아니라, '걱정을 확대해 생각하는지 지혜롭게 줄이며 사는지' 하는 문제다. 알랭 드 보통은 '걱정 없는 인생을 바라지 말고, 걱정에 물들지 않는 연습을 하라'고 말한다. 걱정거리를 줄이고 걱정에 휩싸이지 않는 삶을 위해 몇 가지 생각을 나누어 본다.

▷ 어느 정도 걱정거리는 당연한 일이다.

미래가 어떻게 될 지 모른다는 사실은 두려움과 도전 정신을 함께 가져온다. 어느 정도 걱정거리를 갖고 사는 것이 당연하다는 사실을 받아들이고 익숙해지는 노력이 필요하다. '나는 왜 걱정이 많은가'라는 걱정에서 벗어나는 것도 중요하다. 많은 사람들이 겉으로 드러내지 않아서 그렇지 '나만큼, 나 정도' 걱정을 하고 있다.

▷ 걱정이 올라오면 자신만의 대처 방법을 찾는다.

걱정이 올라올 때 어떻게 하는가에 따라 악순환에 빠지기도, 잠깐의 걱정으로 끝나기도 한다. 걱정이 생길 때 사용할 자신만의 노하우를 만든다. 10분 이상 생각하지 않기, 걷거나 운동하기, 친구와 이야기하기, 청소하기, 기도하기 등이 있다. 대처 방법이 다르듯이, 밤에 잠을 설치며 걱정하는 스타일, 걱정되면 많이 먹는 스타일, 울거나 끝없이 하소연하는 스타일 등 걱정하는 성향도 다양하다. 어떤 방법이나 성향이든 걱정 시간을 최대 1시간 내로 끝낸다면, 걱정에 휩싸이는 것을 막을 수 있다.

▷걱정도 한번 안 하다 보면 두 번째는 쉬워진다.

걱정도 한번 안 하게 되면, 두 번째 안 하는 것이 훨씬 쉬워지는 학습 효과가 있다. 걱정에 시간과 에너지를 소진하는 대신, 열심히 하되 결과는 '맡긴다는' 마음을 먹으면 어떨까 싶다.

▷걱정 대신 해결에 집중하기

걱정은 머릿속의 수많은 생각과 더불어 망설임, 두려움, 회피, 혼란을 불러일으킨다. 이러한 걱정 사이클을 반복하면 걱정과 불안은 커지고 문제는 그대로인 경우가 대부분이다. 그럴 때, 해결책을 적고, 결단하고, '실행!'이라는 사이클을 시작해 보는 것이다. 노력과 연습이 필요하지만 익숙해질 수 있다.

▷걱정에 빠지지 않도록 주의하기

걱정의 가장 큰 위험은 걱정 속으로 빠지는 것이다. 하면 할수록 새로운 걱정이 생기고 과거의 걱정으로 돌아가기도, 미래의 걱정으로 점프하기도 한다. 걱정에 몰입하면 현실 감각을 잃어 걱정이 실제처럼 여겨지면서 불안으로 이어지기 쉽다. 자기 몰입적 걱정은, '걱정 끝!'을 외치며 빠져나오는 것이 중요하다.

불투명한 미래, 결과가 나오지 않은 일, 답을 기다리는 상황은 불편하고 찝찝하다. 소소한 걱정거리도 생긴다. 제출한 보고서가 어떤 평가를 받을지, 건강 검진 결과가 어떻게 나올지, 시험 결과가 어떨지 등 우리 일상은 불확실한 것을 참고 기다려야 할 때가 많다. 해결이 필요하면 신속히 해결책을 찾고, 기다려야 하는 문제면 '잘 되겠지'라는 생각으로 편안히 기다리는 것. 그래도 걱정스러우면 가까운 사람과 걱정을 나누면서 사는 것이 지혜로운 삶이 아닐까 싶다. 설혹 문제가 생겨도 자신이 잘 감당할 것이란 믿음을 갖고, 걱정에 걱정을 더하는 습관과는 굿바이를 선언하자.

무기력은 삶에 변화가 필요하다는 신호

오랜만에 만난 긍정의 여왕, 후배가 안색도 좋지 않고 살이 많이 빠진 것 같았다. 사연을 들어 보니 근래 찾아온 우울증과 소화 불량으로 아무것도 하고 싶지 않은 상태, 퇴사 일보 직전이라고 했다. 지난 20년간 후배에게 한 번도 보지 못했던 피곤, 지침, 우울감을 느꼈다. 모든 일에 열심히 애쓰며 살던 후배가 중년의 어느 순간 번아웃이 오면서 무기력증을 경험하는 것 아닌가 싶었다. 후배의 경우처럼 무기력 상태에서는 잠자고 쉬어도 지친 상태가 회복이 안 되고, 즐거운 감정이 들지 않는다. 너무 자신을 혹사했다는 생각으로 피해자 마인드가 생기는가 하면, 이전과 같은 열정이 사라지고 피하거나 미루는 습관이 나타나기도 한다. 해본 적 없던 비관적인 생각, 부정적인 사고로 우울해지거나 삶에 대해 의욕과 희망이 사라지기도 한다.

오랫동안 매달려 온 프로젝트가 끝나면 잠깐, 아무것도 하고 싶지 않은 상태가 될 때가 있다. 너무 지치고 압박감을 느끼며 지낸 탓이다. 한편 취업에 연이어 실패하면 새로운 시도를 한다는 것에 깊은 회의감을 느낀다. 해도 안 될 게 뻔하다는 믿음이 은연중에 생겨 심리적 포기 상태에 들어간다. 무기력감이란 어떤 상황에 반응하거나 행동하는 힘을 잃어버린 무력한 상태를 의미한다. 스트레스가 많고 지쳐서 생기는 자연스러운 반응이기도 하고, 노력해도 나아지지 않는 상황을 거듭 경험하면서 학습된 반응이기도 하다.

심리학자 마틴 셀리그만은 '학습된 무기력'이란 개념으로, 자신이 변화시킬 수 없는 상황이 반복되면 무기력을 선택하고, 기회가 왔을 때조차 당연히 안 될 것이라는 생각으로 포기하는 현상을 설명한다. 반복적인 좌절은 '또 안 될 것이다'라는 생각을 갖게 하고, 해 봤자 소용없다는 믿음을 강화한다. 따돌림을 오래 당한 경우, 단순히 대항할 힘이나 재간이 없어서가 아니라, 아무 소용없다는 무기력 상태에 빠지는 것이다. 취업에 계속해서 낙오한 사람이 아예 포기하고 싶은 마음이 드는 것도 같은 이유다. 무기력은 살아갈 힘과 통제력을 잃어버린 상태로, 아무것도 하고 싶지 않은 심리적 마비를 겪게 한다.

무기력감에 젖을 때, 무기력감에서 벗어나고자 할 때 생각해 보면 좋은 점을 나누어 본다.

▷ 무기력도 삶의 사이클 중에 하나이다.

무기력도 삶의 사이클에서 충분히 생길 수 있다. 너무 지쳤거나 결과가 좋지 않을 때, 변화가 어려운 상황에 장기간 노출될 때, 허탈감이나 우울, 외로움과 동반하는 감정이다. 무기력한 감정은 일시적으로 느끼기도, 장기간으로 이어지기도 한다. 무기력한 감정이 생긴다고 심각한 문제로 확대해서 생각할 필요는 없다. 다만 지속적인 무기력감으로 힘들다면, 빨간불을 켜고 삶을 지치게 하는 변화를 찾아본다. 우리는 쉼이 필요할 수도, 변화가 필요할 수도, 도움이 필요할 수도 있다.

▷ 무기력감의 뿌리를 찾아본다.

직장에서 느껴지는 무력감은 가족, 대인 관계, 직장 외의 생활 등 다른 삶의 영역까지 넓어지는 경우가 많다. 삶의 특정 부분에서 느끼는 좌절감이 다른 부분까지 전염되는 것이다. 예를 들어, 직장에서 반복되는 무기력감이 가족 관계에도 영향을 미치면 가족이고 뭐고 다 귀찮아지는 것이다. 삶에서 어느 영역이 무력감의 뿌리인지 발견하는 것 자체로 힘이 될 때가 있다. 무력한 사람이라는 생각 대신 무력하게 만드는 환경에 처해 있음을 발견하는 것은 마음에 안정을 가져온다.

▷좌절에 대한 인내심을 기른다.

라이프 코치 알라야 쿡스 캠벨은 무기력의 증상 가운데 하나로 좌절에 대한 낮은 인내심을 설명한다. 좌절 인내심이란 좌절을 참고 견디는 능력을 말한다. 좌절 인내심이 적은 경우, 불편함과 스트레스에 예민하며 힘든 일은 쉽게 포기하는 성향을 보인다. 무기력에 빠지지 않으려면, 좌절에 대해 '되는 것이 없다, 소용없다, 항상 이런 식이다' 등 너무 단정적이고 부정적으로 받아들이지 않는 것이 중요하다. 직장에서 부당하게 대우받고, 프로젝트가 잘 안 풀리고, 자신이란 존재가 하찮게 보이는 경험은 종종 있다. 좌절에 대한 내성이 붙는다는 것은 무조건 참고 수동적으로 행동하는 게 아니라, 현실을 받아들이고 참아 내는 능력이 커지는 것이다.

▷낙관적인 언어를 사용한다.

학습된 무기력의 개념을 소개한 긍정 심리학자 마틴 샐리그만은 무기력 극복에는 낙관적인 사고와 언어가 도움이 된다고 말한다. 문제 상황 앞에서, '일시적인 문제이지 영원한 문제가 아니다, 이번 일만 그렇지 모든 일이 그렇지는 않다, 나의 문제일 수도 있지만 상황이 문제일 수도 있다' 같은 긍정적인 생각을 하는 것이다. 응용해 보면, '어쩔 수 없는 상황이다, 좀 더 인내해 보자, 망하거나 죽지는 않는다' 같은 선언은 무기력이란 긴 터널로 들어가는 것을 예방한다.

▷변할 수 없다는 생각에 도전한다.

무기력을 호소하는 많은 경우, 변화에 대한 부담과 두려움이 크다. 자신이 할 수 있는 것, 변화시킬 수 있는 것이 없다는 통제력 상실 때문이다. 조정할 수 있는 선에서 일과를 바꿔 보는 것도 방법이다. 잠들고 일어나는 시간, 출퇴근 시간, 식사 시간을 조정해 보는 것이다. 또 새로운 직장을 알아보거나 지친 관계와 거리를 두는 것과 같은 작은 변화가 모여 큰 변화로 이어질 수도 있다.

▷나의 파워를 확인한다.

구조적인 직장 문제, 복잡한 가족 문제, 어쩔 수 없는 조건 등은 쉽게 바뀌지 않는다. 사소한 일이라도 조금씩 시도해, 상황에 무력해진 존재가 아닌 삶에 대한 힘을 갖고 있는 자신을 확인하는 것이다. 생각보다 자신이 강한 사람이고 할 수 있는 일이 있다는 것을 발견하는 것은 무기력 탈출에 중요하다.

▷삶의 권한을 자기 자신에게 부여한다.

삶이 다른 사람이나 상황에 이끌리는 느낌은 무기력감을 경험하는 사람에게 종종 나타난다. 직장이 바쁘니까 다른 생활이 어렵고, 가족이 있으니까 가족에게 맞추는 등 '~하니 ~할 수밖에' 없다고 생각한다. 스스로 삶의 권한을 가지는 것은 '~상태지만 ~해 보련다'로 생각을 전환하고, 수동적인 팔로워가 아닌 주도적인 책임자가 되는 것이다.

나의 딸은 얼마 전 한 달간 휴직을 하였다. 잠도 많이 자고 피아노도 들여놓고, 여행과 유기견 봉사도 다녔다. 사실 직장 다니면서도 가능한 일을, 휴직이란 명목으로 실행했는데 그 효과는 컸다. 스스로 할 것이 없다는 생각, 해 봐도 소용없다는 생각이 들 때는 그만큼 지쳤다는 뜻이다. 지쳤을 때는 더 무언가를 해 보는 것보다, 쉬는 게 약인 듯하다. 별생각 없이 쉬다 보면 마음도, 생각도 회복이 된다. 자신이 어떻게 할 수 없는 것에 대해선 받아들이고, 자신이 할 수 있는 것은 용기내서 할 수 있는 힘은, 잠시라도 쉬어야 생기는 것 같다. 그리고 용기와 격려를 줄 수 있는 좋은 사람들도 무기력 탈출에 큰 도움이 된다. 무기력은 일상에 변화가 필요하다는 신호이다.

5장

균형 잡힌
마음을 위해

가장 중요한 건 현재의 '나'

나는 이십 년 동안 상담이란 테두리에서 조금씩 다른 다섯 개의 직업을 가져 보았다. 나의 선후배들이 한길만 걸은 것에 비해 다양하게 일한 셈인데, 그 이유는 잦은 이사 덕분이다. 새로운 곳에서 똑같은 직업을 찾기란 어렵고, 때마다 새로운 기회도 있었고, 또 주어진 일에 망설임 없는 성격도 한몫했다. 그런데 직업을 바꾸면서도 마음속 깊이 간직한 꿈을 버린 적은 없다. 밝히자면 다큐멘터리 작가이다. '인간극장', '다큐3일', '사랑 시리즈' 같은 휴머니즘 가득한 다큐를 찍고 대본을 쓰고 편집하는 사람이 되고 싶었다. 몇 년 전, 모 방송국 다큐 작가 모집 공고를 보며 가슴이 뛰었다. 하지만 나의 현실에서 가능한 일일까 의구심이 들었고, 다시 태어난다면 꼭 해 보고 싶은 일로 간직했다.

우리의 삶은 세 가지 모습의 '나'가 교차하고 부딪히며 살아가는 것 같다. 현실 모습 자체인 나, 이랬으면 좋겠다는 나, 다른 사람들이 기대하는 나이다. 이 세 가지의 나가 있기에 열심히 살기도, 신바람이 나기도, 좌절과 갈등을 겪기도 한다. 세 가지 모습이 조화를 이루면, 꿈꾸던 나의 모습이 현실에 있고 주변도 만족시키는 삶이 된다. 반면, 꿈꾸는 '나'가 너무 멀리 있거나, 책임의 '나'가 너무 크다면 지치고 재미없는 삶이 된다. 심리학에서는 있는 그대로의 나를 현실 자아로, 원하는 이상적인 모습의 나를 이상 자아로, 다른 사람의 기대에 부응하는 모습의 나를 책임 자아로 나눈다. 그리고 이 세 가지 자아의 불균형이 초래하는 문제에 주목한다.

나처럼 현실 자아 위주로 살아가는 사람도 많지만, 이상이나 책임 자아에 치우쳐 살아가는 사람도 적지 않다. 내 두 딸만 봐도 그렇다. 큰 딸은 전문직 5년 차로 정신없이 일하지만, 공연 예술에 대한 꿈을 늘 갖고 있다. 바쁜 와중에도 연주 레슨을 거르지 않고 좋아하는 음악을 달고 산다. 그런 모습을 보면서 예술 쪽으로 진로 전환을 권유하지만 선뜻 결단을 내리지 못한다. 진로 전환을 못하는 이유는, 자신을 향한 기대, 책임감, 사회적인 시선에서 자유롭기가 어려워서 인 듯싶다. 작은 딸은 대학에서 인문학을 공부했지만 졸업 후 IT 쪽 진로에 흥미를 느껴, 컴퓨터 전공으로 다시 공부해 엔지니어로 일하고 있다. 주변에서 권유한 것도 아니고 가기 쉬운 길도 아닌데 고군분투하는 모습을 보며, 쉬운 길을 권했지만 기어이 꿈을 위해 직진했다. 나와 두 딸 모두 각기 다른 이유로 현실과 이상, 책임 사이의 불일치로 인해 열심히 살면서도 마음속 아쉬움과 갈등을 갖고 산다.

심리학자 칼 로저스는 현실의 나(real self)와 이상적인 나(ideal self)사이의 일치와 불일치 문제를 설명한다. 현실 자아는 가장 나라고 느끼고 생각하는 것으로 성격, 능력, 환경, 외모 등 있는 그대로의 자신을 뜻한다. 이상 자아는, 되고 싶고 갖고 싶은 것으로 이루어져 꿈, 희망, 야망, 열망 같은 형태를 말한다. 이상적인 자아는 오랜 시간에 걸친 다양한 경험, 부모를 포함한 사회적 기대와 요구, 닮고 싶은 롤 모델을 통해 생겨난다. 도달하고 싶은 나의 모습은 삶을 지탱하는 활력소가 되기도, 녹록한 현실에서 나만의 판타지, 꿈의 궁전이 되기도 한다. 그러나 이상 자아가 너무 중요해지고 그것 아니면 안 된다는 식으로 경직될 경우, 삶의 에너지와 동기가 잘못 소모될 수 있다. 지나친 이상은 성취, 성공, 목표에 집중하기 때문에 남보다 더 많은 에너지를 쓰고, 그것에 비해 만족스럽지 못한 결과물로 인해 자신감을 잃게 하기 때문이다. 한편 심리학자 에드워드 토리 히긴스는 책임 자아(ought self)는 다른 사람들이 나에게 원하고 기대하는 것으로 이루어진 자아라고 설명한다. 성실해야 한다, 독립적이어야 한다, 공부를 잘해야 한다, 좋은 직장에 취직해야 한다, 결혼해야 한다 같은 주변에서 짊어지우는 조건이 책임 자아를 키운다. 이러한 책임 자아는 삶을 견인하는 동기와 원동력이지만, 지나칠 경우 버거운 책임과 기준이 되기도 한다.

티모시 피칠 심리학 교수는 이상 자아와 책임 자아는 동기를 갖고 문제를 해결하는 가이드 역할을 한다고 말한다. 하지만 현실 자아와 이상 자아의 차이로 실망과 아쉬움을 느낄 수 있고, 현실 자아와 책임 자아 간의 차이로 죄책감과 불안을 가져올 수 있다는 점을 지적한다. 세 가지 자아가 어느 정도 균형을 이루면 좋을까? 모든 사람이 애쓰지만 갈등을 겪는 주제이다. 개인의 조건, 상황, 성향, 우선순위에 따라 달라지기 때문에 정답이 없는 문제이기도 하다. 현재 삶의 방향을 돌아보는 데 도움이 되는 몇 가지 방법을 나누어 본다.

▷ 현실, 이상, 책임 간의 불일치는 항상 존재한다.

세 가지가 일치하는 인생은 없는 것 같다. 현실보다 이상에 치우쳐 살기도 하고, 자신보다 주변에 대한 책임으로 살기도 한다. 어느 것이 '맞고 틀리다, 좋고 나쁘다' 하는 문제가 아니라 때와 정도 차이다. 상황과 조건에 따라 이상을 쫓을 여유가 있기도 하고, 책임에 묻혀 자신의 욕구나 바람을 희생할 때가 있기도 하다. 대부분 우리는 연속선을 왔다 갔다 하며 불일치 가운데 살아간다.

▷ 균형의 프레임으로 바라본다.

아무래도 젊었을 때는 이상 자아가, 나이 들어서는 책임 자아가 좀 더 높은 우선순위에 있다. 어린 나이에 책임에 묶이거나, 성인이 되어 현실보다 지나치게 이상을 쫓다 보면 힘에 부치기도 하고 허탈감을 느끼게도 된다. 그때마다 한쪽으로 치우치거나 지나치지 않는지 균형을 맞추고, 삶을 돌아보는 것이 중요하다.

▷ 모두 우선순위가 똑같지 않다.

개인마다 무엇이 중요한지, 시급한지에 관한 우선순위는 다를 수밖에 없다. 가족을 위해 희생하는 삶을 주변에서 막을 수도 없고 비난할 수도 없다. 지나치게 이상을 추구하는 사람도 보이지 않는 이유가 있을 수 있다. 필요한 것은 공감과 응원이다. 때가 되면 우선순위도 바뀌기에 기다려 주고 가능성을 믿어준다.

▷굿 인플루언서가 중요하다.

이상 자아는 닮고 싶고 따라가고 싶은 사람에게 영향을 받는다. 좋은 영향을 주는 사람은 열등감, 부러움, 시기심이나 경쟁심, 자기 비하를 느끼게 하지 않는다. 굿 인플루언서는 영감, 호기심, 꿈, 열정, 격려, 결단을 키워 주는 사람으로, 이처럼 좋은 영향력 아래 자신을 두는 것이 중요하다.

▷지나침이 문제다.

이상과 책임이 문제가 아니라, 지나칠 때가 문제이다. 나의 이상 자아가 너무 높거나 비현실적인 목표를 쫓아가지는 않는지, 나의 책임 자아가 전적인 책임과 의무로만 이루어져 있지 않은지, '지나침'을 점검해 본다. 어느 한 쪽이 지나치면 조금 낮추고, 반대로 다른 쪽이 부족하면 보완하면서 균형을 맞추는 것이다.

▷두 자아를 같은 방향으로!

심리학에서는 현실 자아와 이상 자아를 정렬해야 한다

는 표현을 많이 쓴다. 두 자아가 자동차 핸들과 바퀴처럼 같은 방향으로 잡아주어야 시너지를 내며 앞으로 나간다는 뜻이다. 현실의 나에게 기초를 단단히 깔아 주고, 이상의 나를 향해 애쓰면, 만족과 성취감이라는 결실을 만날 수 있다. '이 정도면 잘한 것이다, 괜찮다'에서 오는 현실 만족을 토대로, 조금 더 나아가는 나만의 페이스가 중요하다.

심리학에서는 '포용하다, 안아주다' 라는 뜻을 가진 'Embrace'를 많이 사용한다. 현실 자아에 적용하면, 현실의 나를 안아준다는 뜻이 된다. 너무 높이 설정된 이상과 주변에 대한 지나친 책임, 의무감으로 인해 자칫 눌리기 쉬운 현실 속 나를 존중하고 아껴주라는 의미이다. 이상과 책임도 귀중한 삶의 일부지만, 가장 중요한 것은 현실의 나이다. 현실에 내가 조금 부족하고 불만스러워도 열심히 사는 자신을 아껴 주는 것은 '지금 여기' 삶을 너무 힘들지 않게 하는 것이다. 지나친 이상과 책임에도 너무 각박하게 살지 않고, 현재 삶에서 즐거움과 자유를 누리면서 살아가길 응원한다.

포기 - 잠시 숨을 고르는 시간

최근 직장 생활 5년 차인 딸이 퇴직을 고민한 적이 있다. 이직을 할지, 아예 직업을 바꿀지 생각이 많은 것 같았다. 그만두고 싶은 이유는 일 자체가 힘들고 워라밸(일과 삶의 밸런스)이 없으며 의미와 재미를 찾기 어렵다는 점이 있었다. 반면 그만두기 어려운 이유는 월급과 전문성, 잘 나가는 직장을 왜 포기하냐는 주변 시선이었다. 퇴직은 곧 포기가 아닐까 하고 고민하는 딸에게, 퇴직이 포기도 아니지만 설사 포기라 해도 포기가 나쁜 것만은 아니라고 했다.

하던 일이나 공부에 지쳤을 때, 이 길이 내 길이 아닌가 싶을 때, 길이 멀고 험하게 보일 때, 포기를 생각한다. 막상 포기가 망설여지는 이유는, '인생에 포기란 없다'라는 오래

된 생각 때문이다. 우리는 끈기와 인내가 성공의 밑거름이라고 배운 한편, 힘들다고, 실패했다고, 맞지 않는다고 그만두는 것은 약하고 올바르지 못한 태도로 믿어 왔다. 완전히 틀린 말은 아니지만, 우리는 다양성의 시대에 살고 있다. 오로지 한가지 길에 대한 끈기와 의지만이, 미래와 행복을 위한 정답이 아닌 세상이다. 한편 자발적인 포기가 아닌 상황에 의해 포기를 할 때도 있다. 나의 경우 나라 간 이사로 휴직과 퇴직을 반복했다. 그때마다 맞는 결정인지 많이 고민했고, 새로운 직장을 구하지 못해 자원 봉사를 하며 진로를 찾기도 했다. 덕분에 한 직장을 쭉 다녔더라면 해 보지 못했을 다양한 생활을 한 셈이다.

포기에 대한 좋다, 나쁘다 이분법적 시선을 내려놓고, 포기가 갖는 다양한 의미에 대해 생각해 보자. 임상 심리학자 엘렌 헨드릭슨은 포기를 자신의 능력, 헌신, 성격과 맞지 않는 것에 대한 책임을 내려 놓는 지혜로 설명한다. 새로운 길로 시선과 방향을 돌려 능력과 열정을 자신에게 더 맞는 삶을 위해 사용한다는 의미이다. 상담 심리학자 데이비드 펠만은 꿈을 포기하는 것이 건강한 선택이 될 수 있는 이유를 두 가지로 설명한다. 첫 번째, 목표 달성이 어려울 때 하는 포기는 기준을 낮추는 것이 아니라 오히려 시간과 에너지를 현명하게 사용하는 의미가 있다. 두 번째, 하는 일이 의미가 없어져서 하는 포기는 성공이나 성실함을 포기하는 것이 아니라 동기와 이유, 상황이 달라지는 것이다. 삶의 기준이나 기대를 낮추는 것이 아니라 다른 꿈이나 계획을 찾아보고, 좀 더 지혜롭게 삶을 정비하는 것이기도 하다.

포기를 예찬하는 것이 아니다. 개인적으로는 끈기와 인내를 중요시하는 편이다. 우리 인생에서 참고 최선을 다하는 것만큼 일, 관계, 자기실현 등에서 중요한 것이 어디 있겠는가? 고백하자면 나는 상담 심리학을 공부하며 수없이 그만두려고 했다. 하면 할수록 생각했던 공부와 달랐고, 일반 대학원 공부와 달리 실습이 많아 영어에 대한 압박과 스트레스로 힘들었다. 포기의 순간마다 나를 잡은 것은 몇 가지 이유였다. 투자한 시간과 에너지, 학비, 괜찮은 성적, 주변의 기대, 수료가 눈앞이라는 사실, 새로운 공부에 대한 두려움, 무엇보다 포기 자체에서 오는 실패감과 자책감, 창피함이 큰 이유였다. 결론은 우여곡절 끝에 버텼고, 덕분에 무난한 인생길을 걸었다. 포기하지 않아 많은 것을 얻었지만, 포기했다고 해서 큰일이 일어나지 않는다는 것을 이제는 안다.

하던 일을 그만둘 때 필요한 것은, 자신에 대한 올바른 이해와 현실에 대한 성숙한 판단, 타이밍이 있다. 자신이 원하는 삶, 자신에게 맞는 것과 맞지 않는 것을 인지하고, 자신이 갖고 있는 자원, 능력, 책임, 재정 같은 현실을 검토해야 한다. 그리고 적절한 시기를 결정하는 타이밍이 중요하다. 너무 힘들 때, 길이 멀게 느껴질 때, 만족과 즐거움이 없을 때, 책임감과 부담감으로 버틸 때, 주어진 건강, 자원, 기회가 부족할 때 포기를 고려해 볼 필요가 있다. 포기는 가던 길을 멈추고 숨을 고르면서 현재와 앞으로 삶에 대해 생각해 보는 것이다.

포기라는 대안 앞에서 생각해 보면 좋은 점들을 나눠보겠다.

▷포기만이 답은 아니다.

너무 힘들면 그만두고 싶은 것이 당연하다. 특히 직장 문제는 그만두면 홀가분하고 쌓였던 문제들이 없어진다. 문제는 시간이 지나면서 새로운 길에 대한 부담과 그에 따른 문제들이 따라온다는 것이다. 충동적인 결정은 얻는 것보다 잃는 것이 더 많다. 충분히 생각하고, 의견을 묻고 이야기하면서, 혼자 결정하지 않고 총체적인 판단을 내리는 것이 현명하다.

▷포기하고 싶은 이유를 구체적으로 생각한다.

힘들고 지쳐서인지, 계속 실패해서 그런지, 자신감이 없어서인지 포기하고 싶은 이유를 생각해 본다. 그 이유들이 자신의 능력, 성향, 조건, 현실, 우선순위, 꿈, 목표와 어떻게 엮여 있는지 검토해 본다. 복합적인 이유를 명확하게 짚어 보는 작업은, 진정 원하는 게 무엇인지 확인하고 현실과 균형을 맞추는 데 도움이 된다.

▷ '계속' vs '포기'의 대차 대조표를 만든다.

계속할 때와 그만둘 때의 장단점을 표로 만들어 본다. 적어도 몇 개월간, 여러 번에 걸쳐 대차 대조표를 만들면 결정하는 데 중요한 지표가 된다. 시간이 지나도 그대로인 장단점이 있고 바뀌는 것도 있으며, 자신의 마음과 생각도 달라질 수 있다.

▷꿈이나 목표도 렛 고(Let go)가 필요하다.

라이프 스타일에 관한 저널리스트 메리 그레이스 가리스의 글에서는 '우리도 변하고, 새로운 기회들이 원해 왔던 것보다 더 좋을 수 있기 때문에, 오랜 시간 추구한 꿈을 다른 목표로 대체하는 선택을 할 수 있다'고 인용하고 있다. 오랜 시간 매진해 온 꿈이나 목표를 포기하거나 바꾸는 것은 쉽지 않다. 하지만 반복적인 실패로 혼란과 무기력감이 찾아오면, 꿈이나 목표를 재정비를 하는 것이 도움이 된다.

▷다른 사람을 실망시키는 것은 잠깐이다.

포기로 인해 다른 사람을 실망시킬 것이라는 생각은 그들의 기대와 응원이 클 때 더 커진다. 그런데 생각보다 실망은 잠깐이고 미안함도 지나간다. 크게 실망한 누군가가 있다면 서로 시간을 갖는 것이 도움이 되고, 시간이 지나면서 실망도 회복된다.

▷새롭게 보는 용기가 필요하다.

역경을 이기고 달려가려면 끈기와 인내, 긍정적인 태도가 중요하듯이, 포기에도 그만큼 용기와 결단이 필요하다. 예를 들어 직장을 그만둔다는 것은 새로운 방향으로 전환해 보는 것이며, 다른 선택을 시도하고, 지나친 책임감과 부담감을 내려놓는 것임을 이해해야 한다. 이처럼 삶의 조건을 새롭게 만들어 보는 데는 용기가 필요하다.

▷A 포기=B 얻음

'A를 포기하면 B가 얻어진다'는 살아생전 내 아버지의 철학이다. 아버지의 경우 공무원을 포기하니 회사원이라는 직업이 생기고, 식탐을 포기하니 건강을 얻고, 돈을 포기하니 편안함이 생기고, 원망을 포기하니 연민이 생겼다고 한다. 무언가를 포기하면 새로운 것을 얻는다는 것은 시간이 지나야 알게 된다. 얻음에 대한 믿음이 포기를 전제할 때, 자포자기식 포기가 아닌 진정한 포기를 할 수 있다.

▷자존심보다 웰빙이 중요하다.

다른 길을 가고 싶지만 한 우물을 파온 자부심과 포기하지 않겠다는 자존심, 그리고 주변에 대한 책임감이 걸림돌이 된다면, 진정한 웰빙의 의미를 생각해 본다. 웰빙은 건강, 행복, 성공, 소확행, 사랑, 즐거움, 신남, 유쾌함, 편안함, 보람, 의미 등 많은 것을 포함한다. 책임과 자부심은 삶의 일부분이지만, 잘 사는 것, 웰빙은 삶 전체와 연결된다.

가수 테일러 스위프트는 "포기란 당신이 약하다는 뜻이 아니라 때로는 내려놓고 보내 버릴 수 있을 만큼 강하다는 뜻이다."라는 말을 했다. 포기와 비슷한 말 가운데, 머물던 자리에서 물러난다는 뜻인 스텝 다운(Step down)이 있다. 바닥으로 떨어지는 것이 아닌, 있던 자리에서 한걸음 내려와 잠시 숨을 고르며 방향을 조정하는 것, 포기의 진정한 의미라고 생각한다.

예민함은 좋은 걸까 나쁜 걸까?

공황 장애를 겪으며 무딘 줄 알았던 내가 예민하다는 것을 알게 되었다. 특별히 큰 수술 이후로 아픈 것에 대한 걱정이 많아졌는데, 문제는 실제로 자주 아프다는 것이다. 병원과 주변에서 가장 많이 듣는 말은 '지나치게 예민해서'이다. 독감도 자주 걸리고, 알레르기도 툭하면 생기고, 평범한 약과 음식에도 과민한 위장 반응을 보인다. 같은 약이나 음식을 먹었는데 유독 부작용과 탈이 나니 조심하는 것이 일상이 되었다. 몸의 작은 사인에도 큰 병의 증상이 아닐까 걱정하다 보니 건강 염려증도 갖게 되었다. 예민한 사람은 동일한 자극에 보통보다 더 크게, 더 깊게, 더 날카롭게 반응하는 감각 신경 체계가 발달했다는 것을 알게 되었다.

누구나 가끔씩 예민해질 때가 있다. 중요한 일이나 시험을 앞두고, 과로나 수면 부족으로, 호르몬 영향 등으로 평소보다 예민해진다. 지나치고 넘어갈 말이나 행동도 예민함 렌즈에 포착되면 거슬리고 짜증이 난다. 이럴 때는 본인도 예민해진 상태에 주의를 기울이지만 주변에서도 조심하게 된다. 기질이나 성향상 둔감하고 느긋한 성격이 아닌 이상, 예민함은 누구나 가끔씩 경험하는 상태이다.

그런데 고도로 예민한 사람들이 있다. 심리학자 일레인 아론이 소개한 '고도로 예민한 사람(Highly sensitive person)'의 특징을 살펴보자. 고도로 예민한 사람은 감각 활용 민감성이 지나치게 발달되어, 내적인 자극(부정적인 감정, 생각, 경험, 상처 등), 외적인 자극(다른 사람이나 말, 행동, 주변 환경, 분위기 등)에 신체적으로, 감정적으로 날카롭고 민감하게 반응한다. 의사소통 전문가 프레스톤 니는 고도로 예민한 사람은 더 많이, 더 깊게 느낀다고 표현하면서, 몇 가지 특성을 설명한다. 우선 긴장과 불안을 자주 경험하고 부정적인 감정을 오래 갖고 쉽게 상처를 받는다. 또한 다른 사람의 생각이나 감정을 지나치게 의식하고 영향을 받아 비판이나 비난에 약하고, 관계에서 발생하는 갈등을 힘들어 하는 경향을 나타낸다. 그리고 새로운 변화와 자극이 많은 환경에서 불편해하기도 한다. 즉 보통 사람보다 더 많이 느끼고, 더 깊게 생각하다 보면 사람이나 일, 환경 등이 주는 자극에 민감하게 반응하고 영향도 쉽게 받는다. 예를 들어 똑같은 스트레스에 보통 사람이 4 정도로 힘들어하면 예민한 사람은 8 정도로 배는 힘들어하지 않을까 싶다. 반면 고도로 예민한 사람들은 평균보다 정보를 흡수하고 소화하는 능력, 깊은 사고와 직관력, 창조력, 자신과 다른 사람의 감정과 필요를 이해하는 공감력, 다른 사람이 놓치는 것을 발견하는 능력 등에서 탁월하다. 이러한 장점으로 인해 능력을 발휘하면서도 과도한 예민함에서 오는 취약함 때문에 스트레스를 많이 받고, 남모르는 상처와 내적 갈등으로 힘들어하기도 한다.

예민한 사람이 하루아침에 둔감해질 수는 없고 자신의 예민함이 갖는 장단점을 이해하면서, 스트레스를 주는 자극을 지혜롭게 다루는 것이 중요하다. 또한 자신에게 맞고 유리한 삶의 환경을 만들어가며 조금씩 둔감해지는 연습을 하는 것이 답이 아닐까 싶다. 예민한 사람이 생각해 보면 좋은 점을 나누어 본다.

▷예민함의 양면성을 이해한다.

예민하면 소심함, 불안, 걱정 등을 떠올리며 약점으로만 생각하기 쉽기 때문에 예민함을 의식하고, 숨기려고도 한다. 앞서 말했듯이, 예민함은 두 얼굴을 갖고 있다. 그만큼 감수성이 풍부하고 창의적인 일을 잘한다. 예민함으로 인해 불편하고 취약한 면이 있지만 동시에 좋은 점도 있다는 사실을 기억한다.

▷생각을 객관화하기

예민하면 생각이 많아지고 여러 가지 감정에 몰입하며 상황을 이해하고 확인하는 데 열중하게 된다. 문제는 지나치게 많은 생각을 하면 객관성을 잃거나, 사실보다 과장되고 왜곡된 생각이나 감정에 빠지게 되어 불필요한 걱정과 불안에 취약해지는 점이다. 몰입한 생각이나 감정을 털어놓으며 지나친 해석이나 과장, 오해가 없는지 확인해 보는 것이 중요하다. 자신이 생각한 것처럼 심각하거나 잘못된 것이 아니라는 확인은 안도감을 준다.

▷너무 심각하고 개인적인 해석을 하고 있는지 확인한다.

예민한 상태에서는 다른 사람의 의견이나 평가를 비판이나 거절로 받아들이거나 상대방의 이야기를 오해하기도 한다. 너무 깊게 의미를 부여하고 개인적으로 해석하기 때문이다. 편하게 이야기를 나눌 수 있는 친구나 지인과 대화를 통해 내 생각이 과한 것인지 점검해 보면 도움이 된다.

▷대수롭지 않게 여기는 연습하기

예민하면 누군가의 말이나 행동, 상황, 자신의 상태에 대해서도 골똘히 생각을 거듭한다. 작은 사인에도 큰 문제가 생긴 것처럼 걱정하고, 잘못될 가능성에 긴장하며 사는 것은, 그것들을 자신과 연관시켜 필요 이상으로 생각하기 때문이다. 예민하면 따라오는 복잡하고 깊은 생각은 최소화해야 한다. 예를 들면, 안 좋은 일에 대해 자신의 잘못이었나, 상대방의 잘못이었나, 최선이었는가 아닌가를 확인하는 데 장시간의 에너지를 쓰지 말아야 한다. 또한 잘 알 수 없는 상황을 분석하면서 불안해지는 패턴을 알아차리고 '별일 아닐 꺼야' 하고 생각을 접는 것도 연습이 필요하다.

▷예민함을 이해해 주는 사람이 중요하다.

작가이자 기고가 젠 그랜만은 고도로 예민한 사람에게는 예민함을 이해하고 존중해 주는 사람들의 중요성을 강조한다. 좀 예민하게 굴어도, 걱정거리를 말해도, 잘 들어 주고 괜찮을 것이라고 말해 주는 누군가는 불안을 줄이고 자신감 회복과 용기를 갖게 하는 활력소의 역할을 한다. 비슷한 맥락에서 예민한 사람에게는 가깝고 친밀하고 의미 있는 관계가 중요하다. 진심으로 교류할 수 있고 편안함을 느끼는 관계에서 인정감과 힘을 얻는다는 의미이다. 고도 예민이 아니더라도 예민한 상태에서는 상대방의 말이나 행동의 의미를 깊게 받아들이기 때문에, 바른말, 쓴소리, 사실 등을 강조하는 사람한테는 무시 또는 공격받는 느낌이 들 수 있다. 예민한 상태에서는 위로, 공감, 지지해 주는 사람이 큰 도움이 된다.

▷장점을 발휘하는 모습에서 힘 얻기

직관, 공감, 창의성에 뛰어난 예민한 사람들은 음악, 미술, 글쓰기 등의 예술 활동이나 자연과의 교감 등에서 힘과 위로를 얻는다고 한다. 자신을 표현할 수 있는 활동을 통해 얻는 자신감과 즐거움은 지나친 예민함으로 인해 갖기 쉬운 부정적인 생각이나 영향력을 줄이는 데 도움이 된다. 예민함이 갖는 장점을 발휘해 예민함에서 오는 불편감을 상쇄하고 삶의 균형을 맞추는 것이다. 또한 편안하고 지지적인 환경에서 능력을 발휘한다. 젠 그랜만은 고도로 예민한 사람들에게 지지적이고 정서적으로 안전하고 편안한 환경의 중요함을 강조한다. 지나치게 경쟁적이고 성취 지향 또는 과업 중심적인 환경에서는 압박감과 부담감을 느낄 수 있는 반면, 지지적인 분위기에서는 재능을 발휘하게 된다.

아픈 것에 예민해지다 보니 대수롭지 않게 하던 일들에 브레이크가 걸린다. 약을 복용할 때 부작용부터 확인하게 되고, 외식을 하면 신경이 쓰이고, 여행을 가는 것도 망설여진다. 가족과 친구들이 위로하는 이야기에 섭섭해지는가 하면, 나는 왜 이렇게 예민할까 우울해지기도 한다. 그래서 둔감화를 위해 몇 가지 연습 중이다. 우선 주변 사람과 일에 대한 책임이나 압박감을 줄이려고 한다. 약간의 무심함과 적절한 거리 두기, 배짱이 도움이 되는 것 같다. 걱정되는 일이 생기면 고민 모드에 빠지는 대신, '별일 아니다, 괜찮겠지, 기다려보자'로 참고 버티려고 한다. 무엇보다 예민한 탓에 탈도 많고 주변에 걱정을 끼치는 나 자신을 구박하지 않으려고도 한다. 민감이 쉽게 둔감으로 변신할 수는 없지만, 조금씩 연습하면서 지나치게 예민해진 부분에서 둔감해지길 스스로를 응원한다.

부족한 모습이 있는 것은 자연스러운 것이다

나의 아버지는 색맹, 음치, 기계치인데, 색깔을 구분 못하고 노래를 못하고 기계를 무서워하는 것 때문에 불편하게 지낸 적이 없다. 아버지처럼 노래를 못하고 기계를 싫어하고 운동에도 영 재주가 없는 나도 그것들로 인해 사는 데 별 지장이 없다. 그 이유는 아버지처럼 부족한 것들에 큰 의미 부여를 하지 않기 때문이다. 반면 나의 어머니는 열등감이 많다. 가난한 가정의 장녀로, 가장 역할을 하며 억척스럽게 살아온 것을 창피하게 여긴다. 또순이 어머니의 총기와 강인함이 부럽고 자랑스러운데 본인은 평생 열등감으로 안고 사니 안타깝다. 부족한 점을 열등감으로 여기는가, 아닌가는 마음에 달린 것 같다.

자신에게는 없는 것, 부족한 것을 갖고 있는 사람이 부러운 것은 자연스러운 일이다. 돈, 외모, 능력, 재능이건 간에 자신이 갖고 있지 못한 것에 부러움과 갈망을 느끼는 것을 열등감이라고 하지는 않는다. 욕구와 욕망, 바람과 원함이 있는 우리에게는 당연한 반응이요, 가끔씩 느끼는 감정이기 때문이다. 잘나가는 친구를 보며, 지인의 성공한 자식 이야기를 들으며, 멋진 사람을 만나면 자연스럽게 상대적인 부족감을 느끼게 된다. 한편 부러움이 있기에 잘해 보겠다는 동기가 생기고 열심히 하기도 한다. 어릴 적 공부 잘하는 친구 덕분에 덩달아 공부하게 되고, 운동 잘하는 친구 때문에 운동에 흥미를 갖는 것과 다이어트에 성공한 친구를 보며 다이어트의 의지를 불태우는 것도 마찬가지이다. 그러나 늘 자신의 부족함에 속상하고 좌절하고 우울하다면 열등감이라고 할 수 있다.

최근에는 많은 심리학자들이 열등감 대신 만성적으로 낮은 자존감이라는 개념으로 열등감의 사인이나 증상들을 다각적으로 설명하고 있다. 몇 가지 공통점을 살펴보면, 열등감을 갖거나 만성적으로 자존감이 낮은 사람은 비교를 통해 회의나 절망감을 쉽게 느낀다. 또 다른 사람의 인정과 평가에 지나치게 신경을 쓰는 동시에 비판이나 부정적인 피드백을 두려워한다. 작은 실패에도 쉽게 위축되고 자기비판과 죄책감, 수치심으로 힘들어 하기도 한다. 자신의 능력을 발휘하려고 노력하면서도, 자신감 부족과 실패에 대한 두려움을 크게 갖는다. 임상 사회 복지사 누라 알버츠는 특히 열등감의 증상으로, 내면의 패배감, 수치심, 당혹감 때문에 마음의 문을 닫는 것과 다른 사람을 멀리하고 소외감을 느끼는 것에 주목한다.

상담을 통해 만나는 고민녀와 고민남의 다양한 문제의 뿌리에는 종종 낮은 자존감이 자리잡고 있는 것을 보게 된다. 진로 고민을 자세히 들여다보면 낮은 자존감으로 인해 결정을 내리지 못하거나, 이성 관계에서 상대방을 탓하는 불평과 원망에는 자신의 열등감에서 비롯한 오해나 왜곡된 생각이 있다. 가족 관계 문제도 가족이 느끼는 결핍감이 서로에게 투사되어 갈등과 다툼의 골이 깊어지기도 한다. 자신이 부족하고 숨기고 싶은 상처가 있다는 것이 내면 문제로만 머물지 않고 공부, 직장, 일, 관계 등 삶의 다양한 측면에 깊은 영향력을 행사하는 것이다. 종종 우울, 불안, 공황장애, 결정 장애 같은 정신 건강 문제의 원인 가운데 하나로 낮은 자존감을 꼽는다.

누라 알버츠는 열등감이 있는 사람들이 흔히 갖는 사고의 오류를 몇 가지 예로 들고 있다. 부정적인 것에만 집중하는 것, 자신의 성취나 성공을 평가 절하하는 것, 부정적인 결론으로 점프하는 것, 느낌을 사실이라고 믿는 것 등을 지적한다. 부족한 것, 없는 것, 갖고 있지 않은 것에만 집중하여 자신이 갖고 있는 것, 고유한 것은 부정하거나 별 볼 일 없다고 생각하는 경우가 있다. 작은 실수나 잘못에도 자신에게 부정적인 꼬리표를 붙여, '역시 나는 안돼, 내 주제에 어떻게 되겠어' 같은 결론을 습관적으로 내리기도 한다. 또한 실패와 성공, 장점과 단점 등을 지나치게 단정적이고 좁은 관점으로 보기 때문에, 정해진 기준이나 기대에서 자유롭지 못하기도 한다. 또한 다른 사람의 칭찬이나 인정에 큰 의미를 부여하고, 대조적으로 부정적인 평가에는 그보다 더한 의미를 부여해 좌절하기도 한다.

오랜 시간에 걸쳐 여러 이유로 마음 깊은 곳에 자리잡은 열등감을 쉽게 없앨 수는 없다. 상담에서는 열등감의 깊은 뿌리와 나 사이의 고리를 풀기 위해 열등감이 어떻게 생겼고, 자신의 삶에 어떤 영향을 미치고 있는지 이해를 돕고자 한다. 열등감에 관한 자신의 몫은, 자신이 느끼는 열등감과 낮은 자존감의 영향력을 알아차리고 줄이면서 사는 것이다.

열등감을 느끼는 부분을 채우기 위해 노력하고, 그것이 내키지 않거나 쉽지 않다면 다른 영역을 도전하는 것도 도움이 된다. 노래를 잘하고 싶다면 노래를 배워서 실력을 쌓기도 하지만, 대신 춤 실력을 쌓아 노래에 대한 열등감을 상쇄할 수 있다. 사회성을 늘리고 싶다면 동호회 활동도 도움이 되겠지만, 동호회 대신 좀 더 안전하고 편안한 분위기의 단체 활동에 참여해 보는 것도 시작이 될 수 있다. 이런저런 노력을 통해 조금씩 극복되는 것도 있고, 극복되지 않는 것도 있을 것이다. 극복되지 않는 열등감은 그 영향력을 줄이면서 함께 살아갈 자신만의 방법을 개발해 보는 것이 좋다. 열등감 문제로 힘들어하고 있다면 생각해 볼 점들을 나누어 본다.

▷ 누구에게나 부족함이 있다.

열등감의 개념을 소개한 심리학자 알프레드 아들러는 열등감은 본래 자신의 약함, 부족함을 극복하고 보상하기 위한 보편적 감정이라고 설명한다. 누구나 부족한 부분이 있지만, 그것을 부족감, 열등감으로 생각하지 않을 뿐이다.

▷ 남들은 나의 열등감을 모른다.

열등감은 개인마다 다른 역사와 경험을 통해 내면에 쌓아

온 마음과 생각이기 때문에 다른 사람들은 알기 어렵다. 간혹 다른 사람의 평가에 민감하고 오해나 상처를 쉽게 받는 모습을 통해 자격지심이나 피해 의식으로 추측할 수는 있지만, 진정 무엇에 대한 결핍을 느끼고 힘들어하는지 알 수 없다. 오히려 자신의 부족한 부분을 털어놓으면 다른 사람과의 편안함, 유대감을 가지는 데 도움이 된다. 솔직하게 '난 잘 모른다, 잘 못한다, 열등감이 있다'라고 말하는 사람에게는 친밀감과 열린 마음을 갖고 대하기가 쉽기 때문이다.

▷열등감을 느끼게 하는 자극제를 조심한다.

열등감은 항상 느끼는 것이 아니라 자극이 있을 때 올라오는 감정이다. 열등감을 느끼게 하는 뉴스, 소식, 사람 등을 피하면서 자극을 줄인다. 굳이 들어서 기분 나빠질 소식을 자세히 알 필요 없고, 만나서 부러움만 느낄 상황이나 사람과는 거리를 두는 것이 현명하다. 반대로 자신감을 주고 좋은 영향을 주는 사람들을 가까이하는 것은 열등감의 치료제가 될 수 있다.

▷열등감은 아는 것이 도움이 된다.

열등감은 숨기고 감추려고 하면 더 의식하게 된다. 자신이 어떤 부분에서 열등감을 느끼는지 알고 있으면 오히려 열등감이 생길 수 있는 상황을 피할 수도, 막상 그런 상황에서도 당황하지 않을 수 있다.

▷열등감도 시간이 지나면서 변한다.

열등감도 세월에 따라 변화한다. 없던 열등감이 생길 수 있고, 심하던 열등감이 사라지기도 한다. 많은 경우, 부족감을 느끼던 부분에 대한 노력을 기울이고 조금씩 변하면서 열등감이 사라지는 것을 경험하기도 한다. 자신의 성장, 성숙과 더불어 열등하다고 느꼈던 것을 바라보는 눈과 마음도 달라진다. 지금의 자신을 너무 다그치지 않고 조급해하지 않아야 할 이유는 자신도, 자신의 부족함도 변화하기 때문이다.

▷자신만의 영역이 있다.

자신이 잘 할 수 있고 좋아할 수 있는 분야나 길을 찾지 못해서 불필요한 열등감을 갖기도 한다. 자기가 정말로 잘할 수 있는 것, 자신에게 맞는 것을 찾기 위해서는 어느 정도의 시행착오와 실패를 허용해 준다. 찾는 과정에서 새로운 자신을 발견하기도, 좋은 사람을 만나기도, 예상치 못한 기회를 찾기도 하면서 열등감도 새롭게 보일 수 있기 때문이다.

▷나의 길을 가련다!

잘난 사람, 부러운 사람이 있긴 하지만 그들과 같은 선상에 자신을 놓지 않으면 부족함을 절실하게 느끼지는 않는다. 수학을 못하지만 수학 잘하는 사람과 비교하지 않는다면 수학 능력은 열등감이 되지 않는다. 운동을 못하는 사람이 운동 잘하는 사람과 비교하지 않는다면 운동 능력 또한 열등감이 되지 않는다. 수학이나 운동 실력 부족이 약간의 불편함을 줄 수는 있지만, 요령껏 피하거나 다른 실력을 키우고 살면 된다. 그들은 그들의 길이 있고 나는 나의 길이 있다는 소신은 열등감과 함께 사는 지혜로운 방법이 아닐까 싶다.

나의 작은 딸은 키가 174센티로 큰 편에 속한다. 날씬하고 키가 큰 것이 매력인 것 같은데, 본인은 키가 작으면 좋겠다고 한다. 누군가는 마음에 들지 않는 것이 다른 누군가에게는 부러움이 될 수 있고, 역으로 누군가는 장점이라고 생각하는 것이 다른 누군가에게는 단점일 수 있다. 중요한 것은 우리 모두가 다르다는 점이다. 잘남과 못남, 가진 것과 가지지 못한 것의 스펙트럼이 아니라, 제각기 '다름'이라는 스펙트럼에서 보면 열등감은 의미 없어진다. 세상은 자기 잘난 맛보다 자기 '다른' 맛으로 사는 것 아닌가 싶다. 내가 어떻게 다른가 생각하는 즐거움을 가져 보길 바란다.

6장

부정적인 감정을
줄이는 방법

마음 회복을 위해 스스로를 위로하기

나의 아버지는 자식들이 힘든 일이 있으면 고기와 과일을 슬며시 사다 주시곤 했다. 아버지에게 고기와 과일은 힘이기 때문이다. 누구나 위로 받고 싶은 때가 있고, 힘든 일 앞에서 서럽거나 지쳤을 때에 받는 위로는 말할 수 없는 힘과 용기가 된다. 위로는 따뜻함, 안전함, 쉼, 즐거움 등을 주는 행동으로서 여러 가지 형태로 주거나 받을 수 있다. 우선 음식은 위로의 대표 주자이다. 어머니가 차려준 따뜻한 밥상과 친구와의 한잔 등이 우리나라식 전형적인 위로라고 하면, 서양에서 위로 음식이란 닭고기 수프, 마카로니 치즈, 초콜릿 아이스크림과 같이 어린 시절 느끼던 편안함과 즐거움을 주는 음식을 칭하기도 한다.

위로는 말이나 행동으로 힘든 사람의 괴로움을 달래 주는 것으로, 편안함과 쉼, 즐거움을 주는 활동은 개인의 취향마다 다르다. 미각이 뛰어난 사람들은 맛있는 요리에서, 청각이 발달한 사람들은 좋아하는 음악을 듣는 것에서, 촉각이 예민한 사람은 만들기나 꾸미기에서 위로를 얻는다. 또 활동을 좋아하는 사람들은 운동이나 게임에서, 사회적인 사람들은 친구와 보내는 시간과 대화에서, 자연을 좋아하는 사람은 여행이나 산책을 통해 힘을 얻는다. 어떤 방법이든 목적은 하나, 바닥난 에너지를 충전하면서 몸과 마음의 균형을 회복하고 삶의 동기를 재생산하는 것이다. 상담 심리학자 수잔 데게스 화이트는 위로를 반창고에 비유하여, 다치고 까지고 구멍 난 부분에 응급 처치를 하여 집중적인 힐링의 역할을 하는 것으로 설명한다.

누군가에게 받는 위로도 중요하지만, 스스로를 위로하는 것도 삶의 중요한 기술이 되는 시대에 살고 있다. 자기 위로는 문자 그대로 자기가 스스로에게 해 주는 위로이다. 위로해 줄 가족 또는 친구가 없거나 편하게 털어놓을 사람이 없고 누군가가 오히려 부담이 되는 경우, 힘들고 지친 자신을 스스로 위로해 주는 것이다. 지친 자신을 향한 '자가 힐링'은 의미가 있다.

자기 위로에 대한 몇 가지 오해를 생각해 보자. 우선 첫 번째, 위로는 받는 것이기에 위로해 줄 사람이 필요하다는 생각이다. 위로해 줄 사람이 없는 건 슬픈 일이지만, 스스로를 위로하는 것이 비참한 것은 아니다. 오히려 누군가에게 의지하거나 기대지 않고 자유롭게 스스로를 돌보는 행동이다. 두 번째, 자기 위로는 문제를 회피하고 잊어버리는 행동이 아니다. 에너지와 동기를 재생하여 문제와 맞서고 해결하기 위해 준비하는 워밍업이며, 힘든 상태의 감정과 상태를 달래 주는 건강한 심리 기제 역할을 한다. 세 번째, 자기 위로는 자기만을 생각하고 위하는 이기적인 행동이나 하염없이 불쌍한 자신을 쓰다듬는 행동이 아니다. 가끔씩 자신에게 집중하고 보듬는 시간이 있어야 다른 사람들을 향한 마음과 에너지도 생긴다. 오히려 오랜 시간 자신에게 집중하지 못해 우울이나 무기력에 빠지는 경우도 있다. 네 번째, 자기 위로도 경제적 여유나 마음의 여유가 있을 때 가능하다는 생각이다. 자기 위로는 먹고, 놀고, 쓰는 호사나 재미만을 추구하는 것이 아니며, 자신의 취향과 조건에 따라 방법을 선택하거나 스스로 만들어 내도 된다. 맛있는 것 먹기, 영화 감상하기, 종이에 끄적거리기, 색칠하기, 소설 읽기, 만들기, 동네 산책하기, 춤추기, 반려견과 놀기 등등.

건강한 자기 위로를 위해 몇 가지 생각과 방법을 나누

어 본다.

▷자기 관리와는 다르다.

상담 심리학사 수진 데게스 화이트는 자기 위로와 자기 관리는 차이점이 있다고 설명한다. 먼저 자기 관리는 운동, 명상, 산책 등으로 꾸준히 자신을 돌보고 스트레스를 해소하는 행동이라고 말한다. 반면, 자기 위로는 힘들 때 일시적으로 집중하는 행동을 의미한다. 평상시 하는 관리 활동과 달리, 집중적으로 편안함과 즐거움을 주는 것에 의미가 있기 때문에, 맛있는 음식 먹기, 영화 보기, 좋은 곳 가기, 음악 듣기, 쇼핑하기 등은 자기 위로의 예시이다.

▷과장되게 자신을 위하는 것이 아니다.

자기 위로는 힘들고 지칠 때, 스트레스가 많을 때, 외로울 때 집중적으로 힘과 용기를 주기 위해 필요한 방법이다. 스스로가 주체가 되어 자신의 회복에 초점을 두는 행동으로, 필요 이상의 과도한 위로와는 다르다. 또한 본인 스스로를 위로한다고 외로운 것은 아니다. 위로해 줄 사람이 주변에 없거나 여건이 어려운 경우도 있지만, 누군가에게 의지하지 않고도 스스로 위로할 줄 아는 것은 건강한 삶의 기술이다. 자기를 위로할 줄 아는 사람이 오히려 '찐'친구들이 많고 활발하고 성취감을 느끼는 경우도 많다.

▷ 혼자 하는 활동도 개발한다.

신나는 일을 벌여서 위로가 되는 사람도 있고, 자신만의 꽁냥꽁냥하는 시간에서 위로를 얻는 사람도 있다. 요리해서 가족을 먹이고, 친구와 시간을 갖는 것에서 오는 힐링과, 자신만의 영역에서 꽁냥꽁냥하는 힐링에서 오는 효과는 다르다. 두 가지가 균형을 이루는 것이 이상적이지만, 나 홀로 쉼과 즐거움이 되는 활동을 일찍부터 개발하는 것은 긴 인생에 필요한 일이다.

▷ 과몰입을 조심한다.

수잔 데게스 화이트는 자기 위로 활동의 과몰입을 조심하라고 강조한다. 위로는 어떤 종목으로 할 것인가도 중요하지만, 시간을 제한해 지나침에서 오는 부작용을 예방하는 것도 중요하다. 일정 시간 맛있는 음식을 먹거나 재미난 영화를 보고 난 후, 멈추는 순간을 놓치지 않는 것이 요령 가운데 하나이다. 장시간 빠진 뒤에 밀려오는 피곤함과 후회는 많은 사람들이 경험하는 후유증이기에, 적당한 양과 시간을 할애하는 것이 중요하다.

▷자신을 위한 위로 메뉴를 개발한다.

어떤 활동이 되었든지 하는 동안, 하고 난 뒤에 충만감과 만족이 따라오는 것이 중요하다. 하고 난 뒤에 찾아오는 피곤이나 후회, 허탈감이 큰 활동은 제외한다. 그러기 위해서는 자신에게 맞춤형으로 위로 패키지를 만드는 것이 현명하다. 나의 경우, 멋진 카페 가기, 산책하기, 책 읽기, 친구 만나기, 뜨거운 물에 몸 담그기를 위로 패키지에 담는다.

▷자신에게 관대해도 된다.

다른 사람에게는 마음과 시간, 돈을 쓰는 것이 후한 사람일수록 막상 자신에게는 인색한 경우가 많다. 자신을 위해 무엇인가를 한다는 것이 어색하고 아깝고 괜한 일처럼 생각되기 때문이다. 가끔씩 자신을 대접해 주는 것은 미래의 힘든 시간을 위한 저축이라고 생각하면 좋겠다. 미래의 어느 순간 힘들고 지쳤을 때 얼마 전 누렸던 휴식과 즐거움의 기억은 버텨 낼 수 있는 에너지가 되기 때문이다.

폴 틸리히의 말처럼, 존재하는 것, 사는 것, 살아 내는 것에는 힘과 용기가 필요하다. 가족과 친구의 존재도 매우 중요하지만, 본질적으로는 혼자서 살아 내야 하는 삶에서 지친 자신을 토닥거리고 힘을 불어넣는 일은 아주 중요한 삶의 기술이다. 나의 아버지가 고기와 과일을 위로 패키지에 담으셨듯, 나를 위한 위로 패키지에 무엇을 넣을까 하는 행복한 고민을 해 보길 바란다.

나를 위해 산다는 건 나에게 맞게 사는 것

영문학을 전공한 내가 상담 심리학으로 전과를 한 데는 계기가 있었다. 유학 첫 해, 미국 문화도 익히고 친구도 사귀고 필요한 생활 정보도 얻을 겸 유학생을 위한 서포트 그룹에 참여했다. 낯선 생활, 공부에서 오는 고충과 외로움을 함께 나누었던 외국 친구들도 좋았지만, 외국 학생들을 잘 이끌어주고 인생 상담도 해준 미국인 리더들이 고맙고 좋았다. 그들이 하는 일이 상담 훈련의 일부라는 사실과 그들의 권유로 인해, 상담으로 진로 전환을 한 셈이다.

첫 학기에 상담 심리학 기초 과목을 들으며, 상담이 무슨 일을 하는 것인지에 대해 배웠다. 교과서에 기술된 상담의 목표들 가운데서 문제 해결, 관계 개선, 스트레스 대처와 달리, 쉽게 이해가 되지 않는 목표로 자기 이해가 있었다. 자기의 무엇을 이해한다는 것인가? 자기 이해가 필요한 이유는? 자기 이해는 삶에 어떤 도움이 된다는 건가? 등등. 궁금증은 학교 상담 센터에서 인턴십을 하며 풀렸다. 진로 문제, 연애 문제, 성격 문제, 가족 문제 등 다양한 고민을 가지고 오는 학생들을 대하며, 문제를 풀기 위해서는 무엇보다 자기 이해가 중요하다는 것을 실감하였다. 자신의 적성, 가치관, 성향 등에 대한 이해가 있을 때 진로 결정이 쉽고, 결혼 상대와 맞는지 확인하기 위해서도 자신의 성격, 인생관, 라이프 스타일 등에 대한 이해가 필요하고, 자라온 환경에 대한 이해는 복잡한 가족 문제를 풀어 나가는 데 큰 도움이 되었기 때문이다.

다른 사람은 알 것 같은데 막상 본인은 잘 모르는 부분들이 있다. 방어적인 사람은 이유와 변명이 많고, 눈치 없는 사람은 분위기 파악을 못하고, 자기 도취적인 사람은 주변을 아랑곳 않고, 비현실적인 사람은 딴 세상을 사는 것 같은데 정작 본인은 그렇다는 걸 모른다. 이들의 공통점은 의도는 없어 보이지만 자신의 말과 행동이 상대방이나 주변에 어떤 영향을 미치는가, 자신이 어떻게 보이는가에 대한 생각이 부족하다는 점이다. 임상 심리학자이자 작가인 닉 위그날은 자기 이해가 부족한 사람의 특징을 실수를 인정하지 않는 것, 다른 사람을 쉽게 비판하는 것, 어려운 결정을 내리지 못하는 것, 자신의 감정에 대해 모호하고 지적인 방식으로 설명하는 것, 미래에 대한 걱정과 과거에 대한 곱씹음이 많은 것 등으로 설명한다.

자기 이해란 자신의 여러 면에 대해 잘 아는 것을 의미한다. 여러 면에는 기질, 장단점, 성격, 취약한 점 등이 있다. 자신이 예민한 사람인지, 불 같은 사람인지, 삐치기를 잘하는 사람인지, 어떤 때 화가 잘 나는지, 어떤 사람을 좋아하고 싫어하는지 등등 예를 들 수 있다. 자신에 대해 잘 알고 있다고 생각하지만 실제로 잘 알지 못하는 이유는, 문제의 상황이나 사람 앞에서 '이래서 화가 나는구나, 이래서 겁이 나는구나' 알고 유연하게 대응하는 사람은 많지 않기 때문이다. 어떤 상황에서 내가 약해지는지, 감정적인지, 소심해지는지 등을 알고 있는 것은 유용한 삶의 도구가 된다. 취약한 상황을 예상하여 미리 준비할 수도, 현명하게 대처할 수도 있기 때문이다.

자기 이해가 부족하면 문제와 갈등에 부딪히는 경우가 많다. 예를 들어, 상대방이 불평이나 불편함을 호소하면 오히려 상대방을 탓하며 비난과 분노로 대응한다. 반대로 다른 사람의 말투나 행동이 자신을 무시하고 싫어하는 것이라며 삐치기도 한다. 작은 일에 쉽게 무너지는 사람, 상대방 탓과 비난을 자주 하는 사람, 걱정이 많은 사람, 부정적으로만 생각하는 사람, 감정 폭발이 잦은 사람은 자기 이해를 통해 답을 찾아보는 것이 도움이 된다. 상담에서는 성장 배경 가운데 힘들었던 시간이나 사건, 마음 깊이 쌓아 왔던 상처나 경험, 사람들과 자주 부딪히는 이유, 감정 조절이 어려운 일, 중요하게 여기는 가치나 믿음 등을 점검해 보면서, 자신이 힘든 이유와 다른 사람들이 자신에 대해 힘들어 하는 것에 대한 이해를 돕고자 한다.

앞서 언급한 닉 위그날은 자기 인식이란 자신이 어떻게 생각하고 느끼고 행동하는지에 대해 주의를 기울일 줄 아는 습관이라고 설명한다. 일상에서 자신이 내뱉는 말, 화나 짜증을 내는 행동, 다른 사람과 부딪히는 상황을 기분 상하는 일로만 지나치는 것이 아니라, 왜 그랬을까 주의 깊게 생각해 보는 습관을 의미한다. 이러한 습관은 자신의 성숙과 행복에 관심을 기울이고, 함께 하는 사람들의 행복에 마음을 쓰는 사람들에게 큰 도움이 된다. 자신에게 주의를 기울이는 습관은 말처럼 쉬운 일이 아닌데, 마치 다른 사람이 자신을 보듯이 객관적이고 솔직하게 보려면 적극적인 동기와 용기가 필요하기 때문이다. 자신에게 주의를 기울이면 도움이 될 수 있는 부분들을 나누어 본다.

▷나의 예민 포인트를 확인한다.

개인마다 자존심, 외모, 경제적 여력, 사적인 시간과 공간, 절차, 예의 등 중요하게 여기는 것들이 다르고, 건드리면 팍 올라오는 예민한 부분도 다르다. 어떤 부분에 예민한지, 어떤 말이나 행동에 쉽게 기분이 상하는지, 어떤 것에 감격하는지 등을 생각해 본다. 이러한 것은 자신의 가치, 믿음, 기대, 기준이나 규칙 등을 확인하는 데 도움이 되는 정보들이다.

▷화와 짜증이 잘 나는 상황의 공통점을 찾아본다.

화와 짜증에는 그것을 촉발하는 자극제가 있다. 자신이 쉽게 화나 짜증이 나는 상황이나 사람들의 공통점을 찾아보면 '내가 이럴 때, 이래서 화를 내는구나', '이런 사람에게 열을 받는구나', '이런 상황에서는 폭발을 하는구나'와 같은 화의 패턴을 알게 된다. 무시당하는 것 같을 때, 내 탓으로 비난받을 때, 계획대로 되지 않을 때, 피곤할 때 등 다양할 것이다. 신경질과 짜증의 흐름을 아는 것은 그런 감정을 유발하는 상황에서 자기 통제력을 가지고 대처하는 데 도움이 된다.

▷힘든 일을 겪으면서 자신에 대해 많이 알게 된다.

힘든 일은 고통스럽지만, 자신에 대해 가장 많이 알게 되는 기회가 된다. 자신에게 가장 취약한 부분이 드러나기도 하고, 미처 생각하지 못했던 부분을 깨닫게 한다. 편안하고 의지가 되는 사람을 발견하는가 하면, 불편하고 피하고 싶은 사람도 알게 된다. 힘든 시간이 오면, 나에 대해 또 배우는 시간이 왔구나 생각해 본다.

▷개의치 않는 것 vs 소중히 여기는 것 파악하기

자기 이해를 돕는 프로그램에 많이 등장하는 활동이다. 글로 적어 보고 지인과의 대화, 피드백을 통해 자신의 가치관, 우선순위, 선호, 성향 등을 확인하는 것은, 즐겁고 유익한 자기 발견이다. 요즘 유행하는 MBTI 결과를 가지고 가족, 친구들과 나누어 보는 시간도 재미있고 부담 없이 자기이해를 돕는 방법이다.

▷내 생각과 다른 사람의 생각이 다르다는 깨달음!

대부분 자신의 생각이나 믿음에 익숙해진 나머지 그것이

지나치거나 편향된 면이 있다고 생각하지 않는다. 나에게
못마땅한 것이 다른 사람에게는 그렇지 않을 수 있고, 내가
맞다고 생각하는 것이 다른 사람은 틀리다고 생각할 수 있
다는 것을 아는 것이 중요하다. 그 이유는, 자기 믿음에 대
해 절대성이나 당위성을 부여하는 경우가 많기 때문이다.
다른 사람의 생각이나 의견을 이해하고, 그것이 나와 다르
다는 것을 알기 위해서는, 말하기보다 듣는 습관이 중요하
다. 다른 사람의 말을 중간에 자르지 않고, 틀린 생각이라는
판단을 보류하고, 섣부른 조언이나 비판을 삼가면 상대방의
말이 좀 더 정확하게 들린다.

▷끊임없이 새로운 나를 공부하기

닉 위그날은 믿을 만한 지인에게 자신에 대해 물어보는
것과 일상에서 벗어나 새로운 상황과 맞닥뜨려 보는 것도
자기를 발견하는 좋은 방법이라고 한다. 평소 신뢰하고 좋
아하는 사람에게 자신에 대한 피드백이나 의견을 듣기 위
해서는, 솔직하고 구체적으로 물어보는 것이 좋다. 나의 경
우 딸과 친한 친구에게 가끔씩 내가 지나치지 않은가, 꽉 막
혔는가, 편견인가 물어보곤 하는데, 이런 방법이 도움이 된
다. 또한 집, 가족, 직장, 친구, 규칙적으로 가는 곳 같은 안
전지대를 떠나 익숙하지 않은 환경에서 자신이 어떻게 행동

하고 적응하는지 관찰하는 것도 많은 정보를 준다. 내키지 않는 모임, 의무감에 참석하는 연수회, 갑작스러운 일정은 자신을 새롭게 발견하는 소소한 기회가 될 수 있다.

자기 이해는 평생의 과제이다. 속 편하게 자신을 잘 모르고 살아가는 사람이 있는가 하면, 그때그때마다 자신의 기질이나 약점을 발견하고 그것으로 인해 좀 더 성숙하고 지혜롭게 살아가는 사람도 있다. 나로 인해 누군가가 힘들진 않은지, 내가 나 자신을 힘들게 하는지 생각하며 사는 것이다. 생각지도 못했던 공황 장애는 나를 조금 더 이해하는 계기가 되었다. 어떤 말에 상처를 받는지, 어떤 상황에서 불편한지, 어떤 사람들을 싫어하는지 등등. 무엇이든 다 좋다고 하는 성격인 줄 알았는데, 예민하고 원칙적이고 답답한 면이 있다는 것을 깨달았다. 나로 인해 힘들었을 사람들에게 미안한 마음을 가지고, 나 자신도 덜 힘들게 해야겠다고 생각했다.

날아오르는 공격에 마음 지켜 내기

얼마 전 큰 딸이 코로나 검사를 하러 간다고 문자를 보냈다. 갑자기 가슴이 쿵쾅대며 온갖 걱정과 상상으로 힘들었다. 또 한 번은 홀로 지내시는 93세 어머니에게 꼼짝 못 할 정도로 힘이 없다는 연락을 받았다. 큰 병환이 아닌가 하는 걱정에 병원에 가는 동안 죄송함과 불안한 생각으로 어쩔 줄 몰랐다. 외국에 사는 작은 딸이 새벽에 전화를 하면 혹시 안 좋은 일이 생겼나 하는 걱정에 잠이 깨어 버린다. 잔잔하던 내 마음에 풍랑이 일어나는 소소한 예다.

안 좋은 소식, 걱정되는 일, 불쾌한 말과 같은 돌멩이가 날아오면 여지없이 흔들리는 것이 우리 마음이다. 마음이 무겁고 복잡하고 편안하지 않을 때가 있다. 마음 상하는 일,

골치 아픈 일, 해결해야 하는 일 등으로 그럴 때도 있고, 사는 것 자체가 시큰둥하고 신나는 일이 없어서 그럴 때도 있다. 마음이 항상 편안할 수는 없지만, 가능한 한 편안한 마음을 유지하고, 놀라고 불편한 일이 있어도 얼른 마음을 편하게 가지려고 한다. 그런데 아무리 마음을 다잡고 달래 봐도, 마음이 마음처럼 되지 않을 때도 많다.

평온함에는 많은 감정이 포함된다. 안전감, 충족감, 행복감, 기쁨, 고요함과 같은 상태로, 걱정과 불안, 두려움, 스트레스에서 자유로운 상태이다. 평온함의 반대어를 검색하니까, 불만, 불안정, 비참함, 슬픔, 갈등, 우울, 고통, 불행감 등이 열거된다. 좋은 컨디션, 만족스러운 상태, 성공적인 결과일 때 평온함을 느끼는 건 당연하지만, 좋은 일이 없거나 특히 불쾌하고 힘든 일이 벌어져도 평온함을 지키는 것은 쉽지 않다. 가정의 안 좋은 일, 직장에서의 문제, 가까운 사람과의 갈등, 심지어 누군가의 한마디, 우울한 소식은 준비 없이 불쑥 찾아오기 때문이다. 고단하고 복잡한 삶 가운데서 평안하고 침착한 마음으로 살아가려면 자기만의 비결이 필요한 것 같다.

마음의 평온함이 깨지는 이유는 개인마다 다르고 무수히

많지만 몇 가지 이유를 생각해 보자. 우선 '누군가'의 영향을 너무 크게 받기 때문이다. 누군가의 말이나 표정 때문에 눈치를 보고, 누군가의 평가에 위축되고, 누군가의 성공에 초라함을 느끼는 등, 주변이 누군가로 인해 영향을 받는 것이다. 별거 아닌 말조차 쉽게 넘기지 못하는 이유는, 누군가를 너무 크게 받아들이거나 의미를 부여하기 때문이다. 건강에 관한 인도 블로그 트렌드투핏에 게재된 글에는 마음의 평화를 갖기 위한 효과적인 방법 중 하나로 무시하는 것을 강조한다. 불필요한 생각, 에너지를 소모하는 생각, 비난, 자신에 대한 다른 사람의 의견, 사회적 압력, 과거 등을 흔히 무시하지 못하는 것으로 예를 들고 있다.

우리가 은연중에 당연시 여기는 몇 가지 생각도 마음의 평화를 깨뜨린다. '더 잘해야' 한다는 생각은 마음의 평화가 깨지는 원인이 된다. 더 멋있어야 하고 더 인정받아야 하고, 이와 같이 '더'에서 비롯되는 부족함과 갈망은 지금 상태로도 괜찮았던 마음을 흔들리게 한다. 한편 '해야 한다'는 책임감에 마음의 평화를 잃을 때도 있다. 자신에 대한 책임감은 물론, 가족과 주변에 대한 부담과 압박감이 크면 마음이 흔들릴 수밖에 없다. 자신, 가족, 주변의 문제를 나 혼자만의 책임으로 짊어지면 마음은 쉴 틈이 없어지기 때문이다.

또 다른 이유는 '이랬어야 하는데'에서 오는 과거의 아픔, 후회, 죄책감과 용서가 안되는 일에 대한 아쉬움 때문에 괴롭고 복잡한 마음을 만드는 것이다.

평온함이 깨지는 이유는 개인의 조건과 상황, 취약함과 관련이 있고 회복하는 방법도 다르다. 일반적으로 마음의 평화를 지키는 데 도움이 되는 방법들을 나누어 본다.

▷ 내 마음을 지킨다는 결심이 중요하다.

누군가의 말이나 행동으로, 우연히 들은 소식으로 마음이 불편해지고 괴로워지는 것은 그것들의 영향력에 압도되기 때문이다. 그러한 상황에서 크게 생각하지 않겠다, 불편해지지 않겠다, 걱정하지 않겠다 결심하는 것이다. 상황은 같지만, 상황의 영향력을 받지 말아야겠다, 혹시 받더라도 적게 받겠다는 선택으로 나의 마음을 지키는 것이다.

▷ 건강한 의미의 거리를 둔다.

일, 가족, 관계 등에 적극적인 헌신과 관여는 의미 있고 보람 있는 일이지만 그만큼 마음을 쓰다 보면 평온함이 자주 무너진다. 나와 가족, 나와 일, 나와 지인 간에도 적절한 경계를 세우고 관심과 개입의 정도를 조절하는 것은 냉정하고 이기적인 것이 아니라 자신을 지키고 보호하는 일이다.

▷ 둔감력을 기른다.

둔감한 것이 항상 좋은 것은 아니나 어느 정도 둔감은 마음을 편하게 하는 데 도움이 된다. 자신과 직결되지 않는 일이나 사람을 너무 진지하고 심각하게 생각하지 않는 것이다. 누군가의 말, 표정, 행동에 크게 상관하지 않고 평소처럼 대하는 것, 눈치 보지 않는 것, 모른 척하는 것은 서로 평화를 지키는 데 도움이 된다. 좋지 않은 일에 대해서도 모르고 지나가는 일이 있는 것, 자세히 알려고 하지 않는 것이 도움이 될 때도 많다.

▷ 단순하게 생각한다.

복잡하게 생각하건 단순하게 생각하건 대부분, 해결책은 비슷하다. 문제 해결을 위해 생각에 몰두하다 보면 지나친 분석과 복잡한 해법으로 마음만 더 복잡해진다. 단순하게 생각하는 습관을 위해서는 생각하는 시간을 제한하는 것, 생각이 꼬리를 물 때 잘라 내는 것, 결론을 미루지 말 것 등이 도움이 될 수 있다.

▷ 교과서 마인드에서 벗어나기

교과서에 나오는 공식과 정답을 중심으로 살면, 불쾌하거나 불합리한 일로 기분이 상하고 분통 터지는 경우가 많아진다. 인생이 교과서대로 흘러가지 않는다는 사실을 겸허히 받아들이고, 웬만하면 웃고 봐주고 넘어가는 태도는 마음의 평화로 통하는 길이다.

▷ Forgive and forget!

용서하고 잊어라! 심리학에서 가장 많이 말하는 비결이자 개인적으로 나의 최애 비결이기도 하다. 미움과 원망, 후회같이 자꾸 떠오르는 부정적인 일은 과감히 용서하고 잊어버리는 결심은 누군가를 위해서가 아닌 나의 평화를 위함이다.

▷ '때문에' 대신 '덕분에'로!

과거 상처로 문득 마음이 흔들릴 때에 내가 사용하는 간단한 방법이다. '누구 때문에, 그 일 때문에'라는 생각은 내가 입은 피해와 상처에만 집중하게 한다. 대신 '누구 덕분에, 그 일 덕분에' 내가 이만하게 되었고 더 나빠지지 않았으며 심지어 좋아진 면도 있다고 생각한다. '때문에'는 원망과 억울함을 가져오지만 '덕분에'는 감사와 편안함을 가져온다. 한 끗 차이에 마음의 평화가 달려있다.

▷평소에 마음 운동을 한다.

몸의 근육을 기르는 이유가 사고나 위험을 예방하고 대응하기 위한 것처럼, 힘든 일에 무너지지 않으려면 평소 마음 운동을 하는 것이 도움이 된다. 심호흡, 명상, 기도, 산책, 운동, 독서 등은 긴장 완화와 뇌 운동에 따르는 진정 효과를 가져온다. 마음이 힘들 때, 힘들어지려고 할 때 약처럼 사용하면 효과를 경험할 수 있다.

마음의 평화를 깨뜨리는 것은 자신의 예민한 부분과 연결되어 있다. 그것을 예상하고, 맞닥뜨려도 동요의 폭을 줄이려면 자기만의 노하우가 필요하다. 나의 경우 몇 가지 주문이 특효약이다. '개의치 않으련다, 섭섭하지 않으련다, 부러워하지 않으련다, 잘 되겠지 생각하련다, 크게 걱정하지 않으련다'와 같은 자기 독백이다. 마음을 지키는 것은 자신을 보호하고 돌보는 행동이며, 그렇게 하겠다는 의식적인 선택과 노력이 필요하다. 무엇이 돌을 던지든 나의 마음을 지키는 것, 누군가가 아닌 나의 몫이다.

기분 좋은 일을 많이 만들자

기분 상하는 일이나 어려운 일 앞에서 잘 버텨 내는 사람
도 있지만, 쉽게 무너지고 주저앉는 사람도 있다. 어려움을
잘 버텨 내는 사람들의 비결은 무엇일까? 얼마 전 친한 친
구가 갑작스러운 건강 악화와 재정 문제로 인한 큰 어려움
을 잘 감당해 내는 모습을 지켜보며, 친구가 평소 즐겁고 유
쾌한 시간을 많이 보내는 것이 비결이라는 생각이 들었다.
좋아하는 운동하기, 맛있는 음식 먹기, 재밌는 드라마 보기
등으로 친구의 일상에는 늘 유쾌함과 즐거움이 있었다. 운
동할 때는 열심히, 맛있는 것을 먹을 때는 맛있게, 드라마
를 볼 때는 몰입하며, 사람들을 만날 때는 많이 웃는 것들이
어려운 순간이 주는 충격과 괴로움을 흡수하고 버텨 내는
지지대 역할을 한다는 결론을 내렸다.

긍정 심리학에서는 부정적인 것을 이기려면 긍정적인 기운을 일상에 많이 심어 놓는 것이 중요하다고 강조한다. 뿌듯함, 편안함, 재미, 유쾌함, 즐거움, 감사, 감탄, 친밀감과 같은 긍정적인 감정이 많을수록 긍정 에너지는 커지며, 부정적인 사건이나 생각을 만났을 때 헤쳐 나오는 저력이 생긴다. 긍정성의 효과를 이론화한 심리학자 바바라 프레드릭슨은 긍정적인 감정이 가진 효과를 다각적으로 설명하고 있다. 우선, 생각과 행동의 범위를 넓히고 심리적 자원을 풍부하게 만든다. 그리고 유연한 사고 능력, 어렵고 힘든 일에 대한 대처 능력, 회복력, 인내심, 창의력, 감정 조절 능력, 수행 능력 등을 키운다. 특히 긍정적인 감정은 부정적인 경험을 이해하고 대처하는 방법과 극복에 필요한 자원을 쌓는 효과가 있음을 강조한다.

일상에 긍정적인 경험이 많게 하려면 어떻게 해야 할까? 바바라 프레드릭슨은 부정적인 경험을 줄이고 긍정적인 경험을 늘려 일상에서 차지하는 긍정성의 비율을 높이는 방법을 제시한다. 최대 행복감을 위해 긍정 대 부정의 비율을 3:1로 놓는 가이드라인을 적용해 보면, 하루의 75프로를 유쾌함, 즐거움, 감탄, 친밀감 등으로 채운다는 의미이다. 웃고 즐거운 일, 신나고 재미있는 일, 만족스러운 순간, 따뜻함을 느끼는 시간, 감사한 순간을, 짜증, 걱정, 불안, 초조함, 울적함, 불만보다 더 많이 만드는 것이다. 그만큼 우리 일상은 의식적인 노력 없이는 쉽게 부정적인 정서로 흘러가고 압도된다는 뜻이 아닐까 싶다.

일상에 즐거움과 유쾌함을 채우는 데 도움이 될 만한 점들을 나누어 본다.

▷ 기꺼움이 중요하다.

좋은 사람을 만나고 맛있는 음식을 먹는 데서 오는 즐거움을 매일 반복하기는 어렵다. 일시적으로 즐거운 경험을 하는 것도 좋지만, 즐거움이 쌓여 긍정 에너지로 비축하기 위해서는 꾸준하고 지속적인 활동이 중요하다. 꾸준히 즐거운 경험과 시간을 만들기 위해서는 시간과 정성을 투자하는 것에 대한 기꺼움이 필요하다. 귀찮더라도, 별로 의미가 없어도, 시간과 돈이 들어도 즐거움을 위해 기꺼움을 투자하는 것이다.

▷ 즐거움도 습관이자 태도이다.

즐거움을 잘 누리는 못하는 경우는 즐거움을 대하는 습관이나 태도에서 비롯되는 경우도 많다. 즐거운 경험을 하는 동안에도 생각이 너무 많아, '괜한 일인가', '의미가 있는 일인가', '다른 일을 하면 더 좋았을 것이다' 와 같은 분석은 즐거운 감정을 방해한다. 즐거운 시간을 당연시 여기는 습관도 있다. 맛있는 것, 좋은 구경, 재미난 친구를 당연히 있어야 할 것들이 아닌, 자신에게만 주어진 특별하고 소중한 경험임을 깨닫고 그때그때마다 즐거움과 감사로 연결하는 연습도 중요하다. 그런가 하면, 즐거운 경험을 무심하게 여기는 습관도 있다. 좀 과장되게 유쾌하고 즐거운 표현을 하는 것은 긍정적인 정서를 높이는 데 도움이 된다.

▷몰입할 수 있는 활동을 찾는다.

긍정 심리학에서 웰빙의 요인으로 꼽는 몰입은 에너지를 한 가지에 열중하면서 어떤 활동과 하나가 되는 것, 일체감을 느끼는 것을 말한다. 영화나 책을 보면서, 운동을 하면서, 무엇인가를 만들면서 시간이 가는 줄도 모르게 집중하는 경험은 흥분, 만족, 자신감, 경이로움, 열정 등 긍정적인 감정을 생산한다. 정신없이 집중할 수 있는 활동은 어떤 것이라도 좋지만, 빨리 마쳐야 한다는 생각, 잘해야 한다는 생각, 의미가 있어야 한다는 생각을 내려놓을 때 몰입이 쉬워진다.

▷ 좋아하는 사람 자체가 즐거움이 된다.

긍정적인 기운과 에너지는 전염된다. 만나면 즐겁고 힘과 격려가 되는 사람들, 좋은 영향력을 가진 사람들로 이루어진 사회적 지지망을 구축해 놓는다. 언제라도 만나면 즐겁고 편안하고 힘이 되는 지지 체제는 그 존재 자체로 뿌듯함과 안전감을 준다.

▷ 기분 나쁜 말을 하지 않는다.

언어는 많은 경우 생각과 의도를 갖고 하는 의식적인 행동이다. 들어서 기분 나쁜 말도 많지만, 자신이 말하고 기분이 나빠지는 말도 많다. 상처받으라고 하는 말, 과장이 섞인 말, 자랑이 깔린 말, 깎아내리는 말, 배려 없이 해 버린 말, 흉보는 말, 불평과 비판의 말이 그렇다. 기분 나빠지고 후회되는 말은 가능하면 하지 않는 것, 반대로 감사 표현을 늘리는 것은 즐거움을 많이 쌓는 데 중요한 습관이다. 고맙다고 자주 말하는 것은 듣는 상대방보다 자신에게 돌아오는 긍정 에너지를 크게 만드는 방법이다.

▷ 괴로움에는 둔감, 즐거움에는 민감하기

둔감보다는 민감이 멋지게 보이기도 하지만, 살아가는 데는 둔감이 유익한 도구가 된다. 일상에서 부딪히는 불친절한 말, 무례한 행동, 불쾌한 사건 등에 무디고 느리게 '별 상관없다'는 식으로, 더 나아가 '저 사람이 힘들구나'라는 식으로 대응하면 기분 나쁘고 상처받는 일이 줄어든다. 반면, 맛있는 음식, 웃긴 이야기, 기분 좋은 만남, 칭찬과 감사의 인사, 작은 선물 등과 같이 기분 좋은 일에는 과장해서, 유쾌하게 표현한다면 즐거움은 커진다. 기분 나쁜 것에는 둔감, 기분 좋은 것에는 민감하다면 결과적으로 즐거움을 느끼는 순간이 더 많아질 것이다.

친구 따라 종종 바깥바람을 쏘인다. 혼자 처져 있는 나를 불러내 맛집을 가고 쇼핑도 하고 수다도 떤다. 친구의 유쾌하고 활기찬 일상을 같이하면 그녀의 긍정적인 에너지가 나의 일상으로도 전이됨을 느낀다. 걱정되고 불안했던 일들을 잠시 잊었을 뿐 아니라, 걱정이나 불안의 크기가 작게 보이고 '잘 되겠지'라는 생각이 든다. 즐거움의 힘을 경험한 셈이다.

한 발자국 거리 두고 생각하기

나의 삶에서 창피함과 민망함 때문에 후회하는 일을 꼽으라면 생각나는 일들이 있다. 부부 싸움 중에 열받은 나머지 막상 벼르던 말을 잊어버린 일, 당황스러운 상황 앞에서 횡설수설한 일, 길거리에서 당한 불쾌한 일에 큰소리로 욕한 일, 화가 나서 '에라 모르겠다' 하고 결정 내려 버린 일 등등. 이런 상황들의 공통점은 상황에 쫓기거나 압도당해 즉각적이고 감정적으로 대응한 것이다. 감정과 상황에 휘둘린 말과 행동의 결과는 고스란히 나의 몫으로 남게 된다. 그 말을 하지 않았더라면, 그때 그렇게 하지 않았더라면, 그런 식으로 결정하지 않았더라면 등 아쉬움과 후회, 창피함을 감당해 내야 하기 때문이다. 불친절한 직원에게 기분 상해 던진 말, 잔소리하는 부모님에게 보란듯이 문을 쾅 닫은 행동, 말대꾸하는 자녀에게 냅다 소리지른 일, 직장에서 억울함에 복받쳐 대성통곡한 사건 등. 우리는 후회할 확률이 높은 충동적이고 다소 과한 행동들을 하곤 한다.

심리적 거리 두기란 즉각적인 반응을 하지 않고, 좀 더 차분하고 지혜롭게 상황에 대처하는 방법으로 많은 도움이 된다. 알리시아 노르체 심리학 교수는 심리적 거리 두기를 '즉각적인 자극에 압도되지 않고 한 발자국 물러서서 상황을 보고 어떤 행동을 할 것인가 생각하는 능력'으로 설명한다. 거리를 두면서 현재의 상황에 어떻게 접근할 것인지 보다 더 넓고 객관적인 시각을 갖고 대응하는 것이다. 노르체 교수가 제시하는 심리적 거리 두기의 기술에는 잠시 멈추는 것, 사건의 중요성과 시급성을 생각하는 것, 거리를 두고 자신을 바라보는 것, 미래의 시점에서 자신을 바라보는 것 등이 포함된다.

심리적 거리 두기는 과하고 충동적인 감정이 올라오는 다양한 장면에서 효과적으로 적용된다. 지금 하고 싶은 말, 당장 해결하고 싶은 마음, 지금 아니면 안 될 것 같은 절박함을 잠시 내려놓는 것이다. 얼마 동안 내려놓을 것인가는 본인의 판단이지만 시간적인 '잠시'는 큰 의미를 갖는다. 짧게는 10

분, 길게는 하루 이틀 정도면 감정이 가라앉고 상황이 파악되며 어떻게 할 것인가를 결정하기엔 충분하기 때문이다. 또한 문제의 사람, 일어난 사건으로부터 잠시 공간을 분리하는 방법이다. 바로 눈앞에서는 생생함 때문에 격한 반응, 과도한 대응을 피하기 어렵기 때문이다. 스포츠 경기에서 타임아웃을 위해 경기장을 벗어나고, 반성을 위해 교실 밖에서 벌을 서는 것이 그 예이다. 또한 관계를 잠시 멈추는 것도 도움이 된다. 다툼이 될 것 같고 쉽게 마음이 풀리지 않을 것 같고 불편한 감정으로 지낼 것 같을 때, 잠시 상대방과 자신을 기다려 주는 것이다.

심리적 거리 두기의 장점에 대해 살펴보자. 우선 감정이 가라앉고 차분해진다. 부정적인 감정일수록 시간이 지나면서 강도가 낮아지고 다른 감정도 생긴다. 분노로 시작했지만 분노의 감정이 수그러들면서 슬픔, 연민, 혼란, 희망 같은 다른 감정들이 올라온다. 알리시아 노르체는 심리적 거리 두기의 장점으로 새로운 관점을 갖는 것과 적절하게 반응하는 것을 꼽는다. 사람과 상황을 보는 새로운 관점이 생기는 것으로서, 그때는 보지 못했고 생각치 못했던 것들이 떠오르면서 전체적인 맥락과 큰 그림을 볼 수 있게 된다. 한편으로 과격함, 조급함, 절박함에서 벗어나 문제와 갈등을 해결하는 데 훨씬 차분하고 합리적인 대응을 하게 된다. 또한 좀 더 신중한 결정을 내리게 되는데, 거리를 두면 과몰입과 충동성이 줄고 객관성과 합리성이 증가하기 때문이다.

사회 심리와 실용 철학에 관한 사이트 이펙티비올로지에서는 심리적 거리 두기와 비슷한 개념으로, 자아 거리 두기를 자기 중심적인 관점이 아닌 객관적이고 외부적인 관점으로 본다고 설명한다. 예를 들어, 일인칭이 아닌 이인칭이나 삼인칭의 시각으로 상황을 분석하는 것으로서, '내가 왜 그랬을까?' 대신 '너는 왜 그랬을까?' 또는 '(자기이름을 넣어) 왜 그랬을까?'처럼 관찰자 시점에서 상황을 보면 훨씬 합리적인 생각을 하고, 부정적인 감정도 줄어든다는 것이다.

심리적 거리 두기에 도움이 되는 몇 가지를 나누어 보겠다.

▷ 너무 심각해지지 않는 게 매사에 좋다.

바른 생활 모범생일수록 매사에 심각한 경향이 있는데, 지나쳐 버리거나 사소한 일로 치부하지 않고 진심 어린 태도와 관심, 책임감으로 대하기 때문이다. 문제는 그렇지 못한 상황이나 사람 때문에 상처를 입는데, '양심과 상식, 도리'에 어긋나는 일로 받아들이기 때문이다. 진지함은 유지하되, 너무 심각하지 않는 것이 매사에 좋은 것 같다. 관계도 마찬가지여서, 상대방의 말 한마디, 표정 하나에 일일이 신경을 쓰면 지치고 주눅이 든다. 상대방의 문제와 나의 문제를 적절히 구분하는 것은 지나친 책임이나 부담에서 벗어나는 데 도움이 된다.

▷백 프로 혼자 책임질 일은 많지 않다.

책임을 회피하거나 부인하라는 의미가 아니다. 나의 실수로만 벌어지는 일은 드물고, 대부분 원인과 과정, 결과를 통틀어 공동 책임인 경우가 많다는 것이다. 무엇이든 나의 잘못으로, 나의 책임으로, 나의 몫으로만 돌리면 죄책감과 수치심에 외롭고 힘들다. 문제 상황을 찬찬히 생각해 보면서 혼자 떠맡아야 한다는 압박감 대신, 도움을 구하고 함께 해결하는 방향을 찾는 것이 좋은 해결로 이어질 때가 많다.

▷적절한 경계를 세운다.

직장에 충성하고 열심히 일하다 보면 번아웃이 찾아올 때가 있고, 인간관계에도 지나치게 개입하고 책임지다 보면 지치고 실망하기 쉽다. 관계, 직장, 그리고 가족과도 적절한 경계를 세워 관심과 에너지를 적절히 분배하는 것은 모두의 행복에 도움이 된다.

▷ '생각해 보겠다'는 지혜로운 반응

바로 대응하거나 답해야 하는 급박한 상황을 제외하고 시간을 두면 훨씬 현명한 답을 할 수 있다. '생각해 보겠다'는 말은 Yes도 No도 아닌 중립적이고 가능성을 전제로 하는 말이다. 또한 충동적인 반응에서 스스로를 보호해 주는 말이기도 하다. 하루 이틀 정도 생각해 보면 좋은 답이 나올 가능성이 높아진다.

▷ 타임아웃 효과를 경험해 본다.

심리적 거리 두기에서는 타임아웃을 효과적인 대응 전략으로 강조한다. 어떤 감정이 가라앉는 데에 시간같이 좋은 약은 없다. 대부분 화나고 약이 올라 맞붙은 결과가 더 큰 갈등이나 다툼, 분함, 후회라는 사실을 알고 있다. '나중에 다시 얘기하자'는 말로 맞대응의 충동을 제어하면 격했던 감정이 가라앉고 상황을 보는 관점들이 늘어나며 차분한 에너지를 모을 수 있다.

▷ '그러려니'가 도움이 된다.

'그러려니 하다'는 크게 신경 쓰지 않고 있는 그대로의 상태로 둔다는 뜻이다. 내팽개치거나 모른 척하는 방관이나 무심과 달리, '그러려니'에는 문제의 사람이나 상황에 대한 받아들임이 포함된다. 한심하지만, 복잡하지만, 자존심 상하지만, 자신이 쉽게 변화시킬 수 없음을 인정하는 동시에 상대방에 대한 판단이나 비난도 보류하는 태도이다. '그러려니'는 개입할 타이밍과 방법을 모색하는 시간과 여유를 갖게 한다.

▷친구라면 어떻게 했을까?

자아 거리 두기에서 추천하는 방법으로서, 친구나 선배라면 어떻게 할까 생각하거나 물어보는 것은 합리적인 결정을 내리는 데 도움이 된다. 친구의 답을 들어 보면서 스스로 답을 찾고 복잡한 생각도 정리되는 효과가 있다.

▷줌 인에서 줌 아웃으로!

문제와 위기 한가운데 있으면 모든 에너지가 그것에 집중, 소진되고 감정적으로 고조되기 때문에 다른 생각을 할 여유와 객관적인 시각이 사라진다. 마치 카메라의 줌 인 상태에서 특정한 물체를 확대하면, 배경 화면이 보이지 않는 것과 같다. 카메라의 렌즈를 줌 아웃하듯이 잠시 한 발자국 뒤로 물러나면 한결 여유가 생기고 해결에 대한 희망도 생긴다.

쉽게 열받고 흥분하는 나를 보며 나의 아버지는 그러려니 넘어가라고 하였다. 순간을 넘어가면 자유가 기다리고 있다. 다급함을 내려놓는 자유, 절실함을 내려놓는 자유, 갈등을 피할 수 있는 자유, 침착할 수 있는 자유, 다른 생각을 할 수 있는 자유, 가장 중요한 자신을 지킬 수 있는 자유들이다.

유쾌한 사람–만사 오케이

앞서 말한 유쾌하게 사는 친구는 만사 오케이 인간으로 유명하다. 친구라고 문제가 없을 리 없건만 대놓고 장시간 불평이나 불만을 토로하는 적이 별로 없다. 웬만한 일로는 걱정을 크게 하지 않는다. 친구와 걱정되는 얘기를 하고 나면 걱정을 덜하게 된다. 가족과의 갈등도 가끔 있는 눈치지만 오래 가지 않는다. 뭘 물어봐도 최선을 다해 답을 하고 도움을 주려고 한다. 무엇보다 본인이 편안하니 함께하는 주변 사람들도 편안해진다. 친구의 비결은 웬만하면 만사 오케이!

일상에서 부정적인 영향을 줄이는 비결 가운데 하나로, '나도 오케이, 다른 사람도 오케이'라는 오케이 철학을 제시해 본다. 나의 친구처럼 기분 좋은 사람을 떠올려 보자. 화나 짜증을 잘 내지 않는 사람, 부탁이나 요구를 기꺼이 들어 주는 사람, 자신도 즐겁게 살고 다른 사람과도 즐겁게 지내는 사람, 섭섭함이나 억울함도 슬며시 잘 넘기는 사람, 격려와 응원을 잘해 주는 사람, 가능하면 좋게 생각하는 사람 등이 떠오른다. 이런 사람과 같이 있으면 즐겁고 마음도 편하고 의지가 된다. 좀 다른 스타일도 있다. 나는 불편해도 다른 사람은 무조건 편해야 한다는 자기 희생적인 사람, 반대로 나만 편하면 다른 사람은 크게 개의치 않는 사람도 있다. 나는 옳고 잘났는데 다른 사람은 틀리고 문제가 많다고 생각하는 사람, 반대로 나는 형편없지만 다른 사람은 잘났다고 생각하는 사람도 존재한다. 이런 사람들은 부담스럽고 불편하고 때로 싫기까지 하다.

심리학자 에릭 번은 인생 태도를 네 가지 형태의 오케이로 설명한다. 첫 번째 'I am OK-You are not OK'는 나는 문제가 없는데 상대방은 문제가 많다는 태도이다. 나의 기준으로 다른 사람의 부족함이나 실수를 판단, 비난하는 태도이다. 두 번째 'I am not OK-You are OK'는 상대방은 괜찮은데 자신은 문제가 많다는 열등감과 부족감을 갖는 태도이다. 낮은 자존감과 자기 비하로 스트레스를 많이 받고 쉽게 우울한 경향을 나타낸다. 세 번째 'I am not OK-You are not OK'는 나도 상대방도 모두가 문제가 많다는 시각으로, 세상에 대한 원망과 실망, 비관적인 태도이다. 자신도 마음에 들지 않고 다른 사람도 옳지 않고 세상에는 부당한 일이 많다고 생각한다. 네 번째 'I am OK-You are OK'는 나도 상대방도 모두가 괜찮다는 생각으로 긍정적인 삶, 평화와 행복을 추구하는 태도이다.

심리학에서는 자신의 욕구를 충족하면서 다른 사람의 욕구에도 잘 맞추며 사는 것을 이상적인 조화로 여긴다. 너무자신의 욕구에만 집중된 삶, 반대로 너무 다른 사람의 욕구나 바람에 맞추거나 치우친 삶에는, 문제와 갈등이 생기기쉽다. 비즈니스에서도 양쪽이 윈윈하기 위한 전략과 해결책을 강조한다. 서로 오케이를 하면 윈윈이 쉽지만, 현실에서는 나도 오케이, 상대방도 오케이를 하는 것이 쉽지 않다. 때로 나로 인해, 때로 상대방으로 인해, 때로 처한 상황 때문에 그렇다. 자존심 상하는 말이나 좋지 않은 결과 앞에 'I am not OK'가 되기도 하며, 부당하게 화를 내고 비난하는 사람을 향해 'You are not OK'가 되고, 끝없는 논쟁과 갈등 끝에 'We are not OK'가 되며, 불합리한 세상에 대해 'Everything is not OK'가 되기도 한다.

나도 오케이, 당신도 오케이가 되면 마음 상할 일, 깊이
고민할 일, 외롭고 서러운 일, 밉고 억울한 일이 적은 것 같
다. 마음이 편해 공부나 일도 할 만하고, 잘하고 싶은 마음
도 생긴다. 걱정되는 일, 열받을 일이 덜하니 웃을 일도 많
아진다. 쉽지는 않지만, 나도 상대방도 모두 오케이를 하는
데 도움이 되는 몇 가지 생각을 나누어 본다.

▷ 오케이 선언하기

자신이나 상대방의 상태가 좋아서, 의견이 맞아서 오케
이를 하는 것이 아니다. 좋은 일도 없고 해결해야 할 문제
도 많고 상황도 별로지만, 그럼에도 불구하고 '이정도면 오
케이'라고 마음먹는 것이다. 오케이라고 선언하는 순간, 오
케이가 되는 것, 우리 마음의 힘이다. 오케이는 자신이 의식
적으로 장착하는 마음의 렌즈로, 그것을 사용하기 시작하면
오케이로 보이는 것이 생기기 시작한다.

▷ 오케이의 범위를 넓힌다.

사람이라면, 친구라면, 직장이라면 적어도 '~해야 한
다'는 조건 아래서는 그것과 어긋나는 사람과 일에 대한 실
망 목록이 늘어날 수 밖에 없다. 선배라면, 가족이라면, 상
사라면 '~할 수도 있다, ~해도 할 수 없다'와 같은 생각들

이 늘어나면 오케이의 범위도 늘어난다. 기대치를 낮게 잡으면 상대방도 오케이 렌즈에 포착될 가능성이 높은데, 기대가 낮아지려면 자기가 생각하는 기준도 어느 정도는 포기해야 한다. 오케이 폭도 넓어지려면 포기, 타협, 관대함이 필요하다.

▷ 기다리면 오케이가 될 가능성이 높다.

사람은 기다려주면 오케이의 모습이 되기도 한다. 지금 보이는 모습과 상태가 '나의 기다림'을 만나면 변화하기도 하기 때문이다. 가까운 관계일수록 인내와 기다림이 답이 될 때가 많다.

▷ 너무 따지지 않는다.

공평함, 공정성, 정의감, 양심, 상식, 예의 등의 잣대로 어떤 일이나 사람에 대한 시시비비를 너무 따지지 않는가 생각해 본다. 옳고 그르다, 맞다 틀리다 같은 이분법은 판단과 비판으로 이어지고 단편적인 시선을 갖게 한다. 날카로운 예민함보다는 두루뭉술한 둔감함을 개발하면 어떤 일이건 받아들이기 쉬워진다.

▷이왕이면 좋은 면을 보자!

우리 뇌는 좋은 쪽을 보는 뇌와 안 좋은 쪽을 보는 뇌로 나누어져 있다고 한다. 자주 사용하는 쪽이 더 발달하지 않을까 싶다. 안 좋은 쪽에 집중하고 그것의 의미와 중요성을 강조하는 뇌를 자주 사용하게 되면 반대쪽 기능은 퇴보한다. 이왕이면 좋은 면을 생각하는 것이 나 자신을 위해서, 그리고 모두를 위해서 최선이라는 것을 잘 알면서도 쉽지는 않다. 그렇지만, 이왕이면 좋은 쪽을 보겠다는 결심과 노력이 필요하다.

▷부정적인 일에 너무 압도되지 않는다.

부정적인 감정은 불편하지만, 지혜롭게 다루면 해결과 회복으로 이어질 때가 많다. 안 좋은 일도 시간이 지나면 어떤 형태로든 해결되고 그렇게 최악은 아니었구나 깨닫게 된다. 언제든 그런 일들이 일어날 수 있다는 가능성에 마음을 열고, 스스로 감당할 수 있으리라는 자신감을 가지는 것이 중요하다.

▷그럴 수도 있지!

이 말은 나의 아버지 생전 어록 가운데 하나이다. 새치기처럼 얄미운 행동을 향해 말도 안 된다며 흥분하는 나와 달리, 아버지는 항상 '그럴 수도 있지'라고 말로 대응했다. '그럴 수도 있다'고 생각할 수 있는 이유는, 우리가 모르는 이유나 사정이 있을 것이기 때문이라고 한다. 못마땅한 일이나 사람 이면에 우리가 알 수 없는 이유가 있다고 전제하면, 받아들이기가 쉬워진다. 그 이유와 사정이 정말로 있는지 알수 없지만, 그렇게 생각하는 것, 그럴 수도 있다고 생각하는 것 모두 나의 선택이다. '그럴 수도 있겠지'라는 선택은 나도 오케이, 당신도 오케이, 모두를 오케이로 만든다.

에필로그

나는 운동을 잘하지 못한다. 나이와 체력 탓도 있지만, 애초에 운동 신경이 좋지 않다. 그런데 유일하게 서툴지 않은 종목이 스케이팅이다. 초등학교 1학년 무렵 학교에서 실시하는 단체 스케이팅에 몇 번 참가했을 뿐인데 말이다. 사십 대에 아이들을 데리고 아이스 링크에 서는 순간, 빙판을 무서워하지 않고 회전까지 하는 나의 모습에 신기했다. 이십 년이 지난 지금 빙판에 다시 선다고 해도 한 바퀴 회전과 다리 들기 정도는 가능할 것 같다.

반면에 위시 리스트에 넣은 자전거 타기는 아직도 배우지 못했다. 한두 번 시도하면서 넘어진 경험과 잘못하면 다칠 수 있다는 주변 이야기에 지레 포기한 셈이다. 피아노도 비슷한 경험을 했다. 나이 들어 피아노를 배우려고 하니 음표 읽기와 손가락 움직임을 동시에 하는 것이 어려웠다. 눈과 손가락 대신 틀리지 않으려는 생각에 온통 신경을 집중하느라 금방 피로했다. 새삼 조기 교육의 힘을 실감했다. 대부분 가르쳐 주는 대로 따라하면 근육 움직임에 익숙해지고, 반복과 연습을 통해 터득한 기술은 평생 남는다.

감정 다루기도 마찬가지라고 생각한다. 자전거나 스케이트를 처음 탈 때 넘어질까 겁이 나듯이, 부정적인 감정도 두렵고 당황스럽다. 하지만 어린 시절 복잡하게 생각하지 않고 따라하면서 기술을 익혔듯이, 감정도 원리를 이해하고 대처하는 방법을 익히면 긴 인생 동안 유익한 기술이 된다.

책을 통해 감정 다루기에 대한 방법을 다양한 표현과 생각으로 제시해 보았지만, 원리는 같다. 감정을 알아차리고 이해하는 것이다. 자신이 공허감이나 실망을 느끼고 있다는 것을 알아차리고 그런 감정을 느끼는 이유를 알게 되면, 당황하고 두려운 마음이 줄어든다. 또한 감정을 인정해 주는 것이다. 부정적인 감정은 안 좋다는 생각 대신, 누구나 때때로 느낄 수 있고, 자신이 지금 그렇게 느끼고 있다는 사실을 받아들인다. 감정을 다루는 힘과 용기는 그것을 나의 감정으로 받아들일 때 생긴다. 감정을 추스르는 시간을 갖는 것도 중요하다. 불편한 감정일수록 누르거나 피하기보다 자신에게 맞는 방법으로 소화하고 풀어내는 것은 문제 해결을 위해 꼭 필요한 과정이다. 조용히 쉬며 마음을 가라앉힐 수도 있고 누군가와 대화를 통해 해소할 수도 있다. 그게 무엇이든지 자신에게 맞는 방법을 사용해야 한다.

자전거 타는 기술은 한 번 익히면 신나게 탈 수 있는 것과 달리, 감정은 복잡미묘한 탓에 그 영향력에 쉽게 압도되고 마음처럼 안될 때가 많다. 중요한 것은, 부정적인 감정도 나의 감정이고, 삶의 일부로 알아주고 다독여 주는 마음이다. 부정적인 감정을 다룰 수 있는 힘과 지혜가 커질수록 삶을 살아가는 역량도 커진다고 생각한다.

코로나 바이러스를 겪으며 우리 모두 지치고 힘들지만, 그 어느 때보다 불편함과 답답함을 견뎌 내는 힘은 커진 것 같다. 지금까지 잘 버텨 낸 자신에게, 가족과 친구에게, 소중한 사람에게 수고 인사와 격려를 건네며, 성큼 다가온 싱그러운 봄기운을 놓치지 않길 바란다.

2022년 3월.

참고문헌

1장 불쑥 찾아오는 어려운 감정

1-1 마음을 놓을 수 없을 때 찾아오는 외로움

Nick Wignall, 〈The Psychology of Loneliness: Why You're Lonely and What to Do About It〉

1-2 삶의 균형이 공허함을 채운다

〈Feeling empty? What It Means and What to Do | PsychCentral〉

1-3 '이만하면 됐다'는 마음이 필요하다

Debra Campbell, 〈Understanding Your Chronic Dissatisfaction〉
Leo Babauta, 〈A Guide to Dealing with Dissatisfaction with Ourselves | Zen habits〉

1-5 과도한 불안이 만든 걱정

Graham C. L. Davey, Ph.D., 〈What is Anxiety? | Psychology Today〉
〈Psychological Explanations: Part II — MentalHelp.net〉

2장 나를 괴롭게 하는 안 좋은 습관

2-1 쉼이 필요하다

Eileen Bailey, 〈20 Signs You Might Be a Perfectionist | HeatlthCentral〉

2-2 인간관계를 어렵게 만드는 경직된 마음

Jennifer Delgado, 〈Mental Rigidity: When Your Way of Thinking
Keeps You from Growing | Psychology Spot〉
Andrea Umbach, PsyD., 〈10 Ways to Reduce Rigidness, Decrease
Anxiety, Increase Flexibility, and Have More Fun | HuffPost〉
Rober Taibbi, L.C.S.W., 〈Are You a Bit Too Rigid? How to Loosen Up
| Psychology Today〉

2-3 부정적인 생각을 다스리는 방법

Elizabeth Scott, Ph.D., 〈What Is Pessimism? | verywellMind〉

2-4 괴로움을 되새김질하지 말 것

Elizabeth Scott, Ph.D., 〈How Rumination Differs from Emotional
Processing | verywellmind〉
〈10 Tips to Help You Stop Ruminating | healthline〉

2-5 자기 연민에 너무 오래 빠지지 말 것

Aletheia Luna, 〈Self-Pity: 12 Ways to Overcome This Psychic
Bloodsucker | Lonerwolf〉
Christina Star, 〈Self-Pity Is Toxic. Choose Self-Compassion Instead.〉
Deb Johnstone, 〈8 Ways to Let Go of Self-Pity for Good | Lifehack〉

3장 유쾌하지 않은 일을 대하는 자세

3-1 누구나 인정받고 싶다

Kurt Smith, 〈Why Giving Compliments Can Be So Hard | Dumb Little
Man〉

3-2 거절하기-자기주장은 이기적인 것이 아니다

Joaquin Selva, Bc.S., 〈The Quick Guide to Assetiveness: Become Direct, Firm, and Positive | Positive Psychology〉
〈3 Obstacles That Stop You from Being Assertive & What You Can Do | PsychCentral〉

3-3 피할 수 없다면 받아들이기

Arlin Cuncic, 〈What Is Radical Acceptance? | Verywellmind〉
Karyn Hall, Ph.D., 〈Radical Acceptance | Psychology Today〉

3-4 나에게 필요한 건 유연성

Amy Chan, 〈How to Adjust When Things Don't Go to Plan | wikiHow〉

3-5 싫은 사람과 함께해야 한다면

Chuck Chakrapani, 〈How to Deal with Annoying People | Medium〉

3-6 불쾌한 일을 대처하는 방법

Marcia Reynolds, Psy.D., 〈How to Deal with Unfairness | Psychology Today〉

3-7 괜찮아, 이 길은 내 길이 아닐 뿐

Guy Winch, Ph.D., 〈10 Surprising Facts About Rejection | Psychology Today〉
Guy Winch, Ph.D., 〈Why Rejection Hurts So Much — And what to Do About It | IDEAS.TED. COM〉
Sharon Martin, L.C.S.W., 〈4 Strategies to Cope with Rejection | Psychology Today〉

4장 자신감이 낮아지는 이유

4-1 비교에서 오는 나쁜 영향력을 무시하자

Deborah Carr, Ph.D., 〈3 Reasons to Stop Comparing Yourself to Others | Psychology Today〉
Joshua Becker, 〈How to Stop Comparing Yourself to Others — A Helpful Guide | becoming minimalist〉

4-2 실망을 이겨 내기 위한 역량 기르기

Manfred F. Kets de Vries, 〈Dealing with Disappointment | Havard Business Review〉

4-3 후회 모드에서 성장 모드로

James Tobin, Ph.D., 〈Psychology of Regret | jamestobinphd〉
Bruce Grierson, 〈The Meaning of Regret | Psychology Today〉
Kathryn Schulz, 〈Don't Regret Regret | TED Talk〉

4-4 걱정을 줄여 나가는 삶

Graham C.L. Davey, Ph.D., 〈Intolerance of Uncertainty and the Course of Worrying | Psychology Today〉
Seth J. Gillihan, Ph.D., 〈5 Reasons We Worry, and 5 Ways to Worry Less | Psychology Today〉

4-5 무기력은 삶에 변화가 필요하다는 신호

Allaya Cooks-Campbell, 〈What Is Learned Helplessness and How Do You 'Unlearn' It? | BetterUp〉

5장 균형 잡힌 마음을 위해

5-1 가장 중요한 건 현재의 '나'

Timothy, A Pychyl Ph.D., 〈What's Your "Ought Self" Like? | Psychology Today〉

5-2 포기—잠시 숨을 고르는 시간

Ellen Hendriksen, Ph.D., 〈7 Ways to Feel Good About Giving Up | QDT〉
David B. Feldman, Ph.D. 〈Why Giving Up Can Sometimes Be Good | Psychology Today〉
Mary Grace Garis, 〈Whoever Said 'Quitters Never Win' Is Obviously Unfamiliar with the Superpower of Giving Up | Well+Good〉

5-3 예민함은 좋은 걸까 나쁜 걸까?

Preston Ni, M.S.B.A, 〈24 Signs of a Highly Sensitive Person | Psychology Today〉
Jenn Granneman, 〈21 Signs You're Highly Sensitive Person | Highly Sensitive Refuge〉
Jenn Granneman 〈14 Things Highly Sensitive People Absolutely Need to Be Happy | Highly Sensitive Refuge〉

5-4 부족한 모습이 있는 것은 자연스러운 것이다

Nura Alberts, L.C.S.W., 〈What Is an Inferiority Complex? Symptoms, Causes, Diagnosis, and Treatment | Everyday Health〉

6장 부정적인 감정을 줄이는 방법

6-1 마음 회복을 위해 스스로를 위로하기

Suzanne Degges-White, Ph.D., 〈Self-Soothing: First Aid for Stress and Burnout | Psychology Today〉

6-2 나를 위해 산다는 건 나에게 맞게 사는 것

Nick Wignall, 〈6 Signs of Low Self-Awareness〉
Nick Wignall, 〈10 Simple Ways to Improve Your Self-Awareness〉

6-3 날아오르는 공격에 마음을 지켜 내기

〈Learn to Ignore & Be Happy: How to Ignore Things That Bother You | TRENDTOFIT〉

6-4 기분 좋은 일을 많이 만들자

Arlin Cuncic, 〈An Overview of Broaden and Build Theory | verywellmind〉
Elizabeth Scott, Ph.D., 〈How to Increase Your Positivity Ratio | verywellmind〉

6-5 한 발자국 거리 두고 생각하기

Alicia Nortje, Ph.D., 〈What Is Psychological Distancing? Four Helpful Techniques | Positive Psychology〉
〈Self-Distancing: What It Is and How You Can Use It to Make Better Decisions | Effectiviology〉

도서 내 일부 내용*은 대한법무사협회 월간협회지에 수록되었음을 알려드립니다.
*(1장 2, 3장 6, 4장 3, 6장 4)

이 길이 아니면 다른 길로 가면 된다

초판 1쇄 인쇄 2022년 4월 06일
초판 1쇄 발행 2022년 4월 14일

지은이　　이숙영
펴낸이　　김동혁
펴낸곳　　강한별 출판사

기획　　　서가인
책임편집　김주빈
일러스트　최유담
디자인　　방하림 서승연

출판등록　2019년 8월 19일 제406-2019-000089호
주소　　　경기도 파주시 탄현면 헤이리마을길 21-7 , 3층
대표전화　010-7566-1768　팩스　031-8048-4817
이메일　　good1768@naver.com

ⓒ 이숙영 , 2022

ISBN 979-11-92237-01-5 (03180)